정책연구시리즈 2024-04

통근통행 분석을 통한 대도시권 메가시티 교통정책에 관한 연구

김강수

정책연구시리즈 **2024-04**

통근통행 분석을 통한 대도시권 메가시티 교통정책에 관한 연구

저　자

김강수 | 한국개발연구원 선임연구위원

연구지원

박선욱 | 한국개발연구원 전문연구원

발간사

우리나라를 비롯한 세계 각국은 글로벌 도시의 경쟁력을 강화하고 지역의 불균형 발전을 해소하기 위해 메가시티 구축을 추진하고 있다. 본 보고서에서는 메가시티 구축을 위해 통근통행이 연계되어 있는 우리나라의 메가시티 권역을 제시하고 있으며, 기존 지방 대도시 권역의 분할 또는 확장의 필요성, 추가적인 대도시 권역 설정의 필요성도 제시하고 있다. 또한 비수도권 지역의 경우 철도서비스 공급이 메가시티 구축을 위해 긴요한 교통사업임을 밝히고 있다.

본고에서는 메가시티 구축을 위한 정책 제안으로 광역교통개선대책 수립 대상 범위 및 교통시설 부담금 부과 대상 확대, 실효성 있는 철도 역세권 개발사업 추진 그리고 효율적인 교통사업 추진을 위한 통합 거버넌스 구축도 제안하고 있다. 본 보고서의 연구 결과가 효과적이고 효율적인 메가시티 구축에 기여하기를 기대해 본다.

마지막으로 본 보고서에 제시된 견해는 집필자 개인의 의견이며 본원의 공식 견해가 아님을 밝혀두는 바이다.

2024년 12월

한국개발연구원 원장

조 동 철

목 차

목차

◈ 표 목 차

표목차

◈ 그 림 목 차

요 약

본 연구에서는 시군구 간 통근통행이 연계되어 있으며 특정 경계가 존재하는 메가시티 권역을 네트워크 커뮤니티 발견법을 통해 제시하였다. 분석 결과, 전국적으로 2000년 16개, 2005년 19개, 2010년 16개, 2015년 17개, 2020년 기준 15개의 메가시티 권역을 발견하였다.

이를 「대도시권 광역교통관리에 관한 특별법」의 대도시권과 비교한 결과, 부산·울산권은 부산·경남권과 울산, 경주, 포항이 속하는 울산·포항·경주권으로의 분할 및 확장이 필요한 것으로 판단되었다. 또한 대구권의 창녕군은 부산·경남권으로 이동이 필요하며, 김천시는 대구권에 포함되어야 할 것으로 판단되었다. 광주권의 경우, 영암, 무안, 목포, 곡성, 해남, 영광, 강진, 장흥, 완도, 진도군이 추가적으로 광주권으로 포함될 수 있을 것으로 분석되었다. 대전권의 경우에도 부여, 영동(충북), 무주(전북)가 추가적으로 포함되어야 하며, 기존 대전권에 포함된 청주시와 보은군은 상이한 권역을 구성하고 있는 것으로 파악되었다. 한편, 인구규모와 권역에 속한 시군구를 고려할 때 전주, 완주, 익산, 김제, 군산, 정읍, 서천, 남원, 부안, 임실, 고창, 진안, 순창, 장수를 포함하는 전북권이 추가적으로 대광법의 대도시권에 포함되어야 할 것으로 판단되었다.

본 연구에서는 메가시티 권역별로 중심 및 거점 도시를 식별하여 메가시티 공간구조의 특징인 다핵 공간구조를 구축할 수 있는 체계도 제시하였다. 예를 들어 수도권(A)의 경우 서울 강남과 중구가 중심적인 유입 역할을 수행하고 있는 반면, 유출 측면에서는 경기 성남, 경기 수원시가 중심적인 역할을 수행하고 있는 것으로 파악되었다. 메가시티의 육성을 위해서는 이렇게 파악된 중심지와 주변 시군구를 연계하는 교통체계의 구축이 필요하다.

메가시티 구축을 위한 대규모 교통사업 중에서 추진 가능성이 가장 높고 시군구의 중심성 변화에 가장 큰 영향을 미칠 수 있다고 판단되는 철도서비스 공급이 시군구의 중심성에 미치는 영향과 지속성을 파악하였다. 지방광역시를 제외한 비수도권 지역의 경우, 철도서비스 공급은 해당 도시의 유입 연결중심성을 지속적으로 증가시키는 것으로 분석되었다. 따라서 비수도권 지역에서 다핵 공간구조의 메가시티를 효율적으로 구축하기 위해서는 철도서비스 공급이 매우 중요한 역할을 할 수 있다고 판단된다.

메가시티 구축을 위한 교통시설 공급 정책 방향과 관련하여서는 다음과 같이 제안하였다. 먼저, 대광법에서 제시하고 있는 광역교통의 개념을 '대도시권 내에서 둘 이상의 시도 간의 통행'에서 '생활 및 경제권이 연계되어 있는 시군구 간 통행'으로 확대할 필요가 있음을 제안하였다. 기존 특·광역시 등 단일 중심도시에서의 시도 간 통행에서 생활 및 경제권 연계가 되어 있는 시군구들 간의 통행으로의 개념 확대를 통해 메가시티 구축을 위한 교통시설 공급의 법적 근거를 마련할 수 있다고 판단했기 때문이다. 재원조달 방안과 관련하여서는 현재의 광역교통개선대책 수립 대상 범위와 교통시설 부담금 부과 대상을 확대하는 등의 원인행위자 부담원칙 강화를 제안하였다. 특히 철도 건설에 따른 재원 마련과 역세권 개발이익 환수를 위해, 실효성 있는 철도 역세권 개발사업과 건설사업의 통합 사업 방안을 제시하였다.

마지막으로 메가시티 구축을 위한 교통사업 추진의 통합 거버넌스 구축의 필요성을 제시하였다. 메가시티 구축을 위한 교통사업에 대해 공동의 목표를 설정하고, 이에 대한 권한과 업무의 일원화를 실현할 수 있는 거버넌스의 필요성을 제시하였다.

제1장

서 론

메가시티(Mega City)는 일상생활 또는 경제활동이 기능적으로 연계된 중심 및 거점 도시 그리고 주변 다수의 도시 공간 집약체를 의미한다. 메갈로폴리스(Megaloplois), 글로벌도시(Global City), 슈퍼리전(Super Region) 그리고 다중심도시지역(Polycentric Urban Region)으로 불리기도 한다(박경현 외, 2023). 그러나 우리나라의 경우 메가시티를 인구 1,000만명이 넘는 대도시로 인식하고, 메가시티 구축을 위한 논의를 단일 대도시 공간 확장 정책으로 한정하기도 한다. 혹은 일상생활 또는 경제활동의 기능적 연계에 대한 고려 없이 지역의 경제 및 생활 권역의 발전에 필요한 연계·협력사업을 추진하기 위해 광역지자체 행정구역을 넘어서는 초광역권[1]으로 정의하고 논의하기도 한다.

이러한 메가시티 구축의 이론적 기반은 특정 거점에 자원을 집중하는 성장거점이론과 다핵 공간구조(Polycentric Spatial Structure) 전략이다. 이 중 성장거점이론은 1955년 프랑스의 경제학자 페로(F.Perroux)의 성장극이론[2](growth pole theory)에서 시작된 것이다. 이는 성장을 유발할 능력

1 「지방자치분권 및 지역균형발전에 관한 특별법」 제2조제7호, 「국토기본법」 제6조 제2항 제1의2호에서는 '지역의 경제 및 생활권역의 발전에 필요한 연계·협력사업 추진을 위하여 2개 이상의 지방자치단체가 상호 협의하여 설정하거나, 「지방자치법」 제199조의 특별지방자치단체가 설정한 권역으로, 특별시·광역시·특별자치시 및 도·특별자치도의 행정구역을 넘어서는 권역'으로 초광역권을 정의하고 있다.

을 지닌 선도기업이나 산업 또는 이들의 집단이 연관 부문의 성장을 촉진시키고, 또 다른 부문으로 파급됨을 설명하는 이론이다. 이러한 성장거점이론은 중심도시를 중심으로 한 극화효과(polarization effects)를 통해 발생이 기대되는 집적경제의 파급효과를 극대화하는 성장중심지 공간발전이론[3]으로 전개되었다.

한편, 메가시티 구축은 다핵 공간구조(polycentric spatial structure) 전략을 통해 추진된다. 즉, 단일 성장중심지로의 극화효과가 초래할 수 있는 외부효과를 다수의 거점도시를 육성하고 구축함으로써 완화하거나 해소할 수 있는 다핵 공간구조를 통해 메가시티를 구축하는 것이다(Gordon *et al.*, 1986; Gordon *et al.*, 1989; Clark and Kuijpers-Linde, 1994). 따라서 메가시티를 계획하고 효율적으로 구축하기 위해서는 기능적으로 연계된 도시 권역을 파악하고, 이러한 권역하에서 강한 성장 잠재력을 지닌 중심 및 거점 도시(nodal points)의 파악과 육성이 필요하다. 또한 개발효과를 주변 지역으로 확산하여 지역 전체의 발전을 유도하기 위해서 중심도시와 거점도시 그리고 다수의 주변 도시를 연계하는 교통체계의 구축이 필수적이다.

본 연구의 목적은 생활과 경제활동의 기능적 연계를 나타내는 전국 시군구 간 통근통행 분석을 통해 메가시티 권역을 식별하는 데 있다. 단순한 시군구들의 합이 아니라 교통 네트워크 연결로 일일 통근이 가능한 전국 시군구 간 통근 커뮤니티 발견을 통해 메가시티 권역을 발견하고 이를 통해 효율적으로 추진 가능한 메가시티 권역을 제안한다. 또한 통근통행의 중심성 분석을 통해, 다핵 공간구조 체계를 구성할 수 있는 중심 및 거점 시군구를 파악한다. 특히 메가시티 구축을 위해 사실상 추진 가능한 대규모 교통투자사업이며 시군구의 중심성 지수 변화에 가장 큰 영향을 미칠 수 있다고 판단되는 철도서비스 공급이 통근통행 중심성에 미치는 영향과 지속성을 파악하여 중심 및 거점 도시 육성을 위한 교통

2 성장극이란 성장의 원심력과 구심력이 발생하는 성장의 중심점 또는 시발점을 의미한다.
3 국토용어해설(https://library.krihs.re.kr/bbs/content/2_439?pn=27&, 접속일: 2024. 5. 9).

정책 수립 방향을 제시한다.

본 연구 수행을 위해 인구총조사가 시행된 2000년, 2005년, 2010년, 2015년, 2020년의 인구부문 20% 표본자료 중 전국 시군구 간 통근통행 자료[4]를 활용한다.[5] 권역 설정 기준의 자의적인 임의성 및 사전에 선정한 대도시 중심 권역 설정에서 벗어나 전국 시군구 간 통근통행의 관계적 속성 분석이 가능한 네트워크 커뮤니티 발견법을 통해 국토 전역적 차원의 통근통행 커뮤니티를 분석한다. 또한 철도서비스 공급이 시군구 통근통행 중심성에 미치는 영향과 효과성 그리고 지속성을 파악하기 위해 각 시군구 간 철도서비스 공급 연도의 상이함을 고려하는 이중차분(Staggered Difference in Difference)모형을 통해 중심 및 거점 도시 육성을 위한 교통공급 정책 방향에 대한 시사점을 제시한다.

---

4 인구총조사 통근자료에 대한 정보는 부록에 제시되어 있다.

5 주거지와 직장을 연결하여 일상생활뿐만 아니라 경제적 활동을 연계시키는 통근통행은 도시의 핵심적인 기능을 수행한다. 그러나 시간 및 공간적 집중성으로 인한 교통혼잡 및 환경문제와 같은 집적불경제를 초래할 수도 있어 교통 계획 및 정책의 중요한 고려 대상으로 여겨진다(Downs, 1992).

제2장

네트워크 커뮤니티 발견법을 통한 메가시티 권역 설정

본 장에서는 시군구 간 통근통행이 연계되어 있고 특정 경계가 존재하는 메가시티 권역을 네트워크 커뮤니티 발견법을 이용하여 특정화한다. 시군구로 이루어진 노드와, 이러한 노드 간 통근통행 연결을 링크로 표현한 '네트워크 커뮤니티 발견법(community detection)'은 연구자의 주관적 판단과 사전적 권역 설정이 필요 없는 방법이다. 현재 정부에서 지역균형발전 전략의 일환으로 추진 중인 지역별 초광역권과 「대도시권 광역교통관리에 관한 특별법」(이하 대광법)에서 정하고 있는 5개 대도시권의 범위 그리고 분석을 통해 발견된 메가시티 권역을 비교함으로써 향후 메가시티 권역 설정에 대한 정책적 함의를 제시한다.

제1절 네트워크 커뮤니티 발견법

권역 설정에 대한 다수의 연구는 사전에 정한 단일 대도시 중심으로부터 영향을 받는 주변 시군구를 파악하는 하향식 접근방법을 통해서 이루어져 졌다(변필성 외, 2020). 권역의 설정 기준도 연구자의 임의적 판단하에 이루어졌다. 예를 들어 이상호(2008), 이세원・이희연(2015) 및 이상호・고영우(2015)에서는 통근 자급률이 높은 도시를 중심도시로 사전 선정한 후, 해당 중심도시만으로의 통근 비율에 따라 통근 권역을 파악하였다. 서울시정개발연구원(2002)에서도 임의적인 서울시로의 통근 비율[6] 10%를 기준으로 이에 해당되는 시군구를 통근 권역으로 제시하였다. 외국의 Fadic *et al.*(2019), Eurostat(2021)에서도 임의적으로 중심도시로의 통근 비율 15%를 통근 권역으로 설정하는 등 사전에 정한 기준과 단일 대도시 중심의 통근 흐름만을 고려하였다(Farmer and Fotheringham, 2011). 즉, 전체적이고 공간체계적 관점에서 단일 중심도시뿐만 아니라 그 외 주변 시군구들 간의 연계를 고려한 권역 설정은 이루어지지 못하였다.

최근 변필성 외(2020) 및 박경현 외(2023)에서 행정구역 체계를 벗어나 도시들 간 각종 연계정보(목적통행 또는 기업 간 거래정보)를 활용하여 도시 권역을 제시한 바 있으나, 분석을 위한 자료의 신빙성과 사람의 물리적인 이동 흐름이 아닌 "정보"를 대상으로 했다는 점에서 한계가 존재한다.

네트워크 분석(Network Analysis) 방법[7]은 객체 간 관계를 노드(node)[8]와 링크(link)[9]로 표현한 후 네트워크 내에서의 관계 구조, 확산 과정, 연결 강도를 계량적으로 분석하여 노드의 연결성, 중심성, 군집 구조 등을 파악하는 방법이다(Kwahk, 2017). 분석대상인 노드가 갖는 자체적인 속성보다는 노드 간에 일어나는 상호적인 작용을 통해 나타나는 다양한 현상의 구조적 특성에 주목함으로써 전체 네트워크 차원에서 현상을 분석하고 이를 체계론적 관점에서 바라보게 해준다(Yang *et al*., 2010).

네트워크 분석 방법 중 하나인 커뮤니티 발견법은 어떤 노드 사이에 강한 연결망이 존재하고 있는지를 파악하여 연결망이 분절된 방식과 각

---

6 통근인구/총발생 통근인구를 의미한다.

7 네트워크 분석 방법은 그래프 이론(graph theory)의 사회연결망(social networking) 도구를 바탕으로, 사회집단의 공식적 또는 비공식적 상호관계의 특성과 동태성을 묘사하는 도구로 개발되었다. 한편, 그래프 이론은 네트워크를 그래프로 모델링하여 분석하는 이론으로 그래프는 정점(vertex 또는 node)과 간선(edge, 또는 link)으로 이루어진다.

8 본 연구에서 노드(node)는 시군구를 의미한다.

9 본 연구에서 링크(link)는 시군구 간 통근통행의 연결을 의미한다.

집단을 연결하는 노드의 집단별 특성들을 통해 기능적으로 연계된 커뮤니티를 파악하게 한다(Girvan and Newman, 2002; Clauset *et al*., 2004).[10] 이를 위해 '커뮤니티 내 흐름 또는 상호작용'의 최대화 및 '커뮤니티 간 흐름 또는 상호작용'의 최소화를 하는 목적함수를 기반으로, 목적함수 값이 극대화되는 권역 재설정 과정을 반복하여 수행한다(변필성 외, 2020).

본 연구에서는 네트워크 커뮤니티 발견법의 알고리즘 중 InfoMap 방식(Lancichinetti and Fortunato, 2009)을 활용하여 전국 시군구 통근 커뮤니티를 탐색한다. InfoMap 방식은 네트워크 내에서 시군구 간 연결에 따른 통근통행 손실을 최소화할 수 있도록 시군구들을 여러 개의 집단으로 구분하는 방법이다. 분석 도구로는 R 프로그램인 'igraph' 패키지를 사용하였다.

[그림 2-1] 네트워크 커뮤니티 발견법

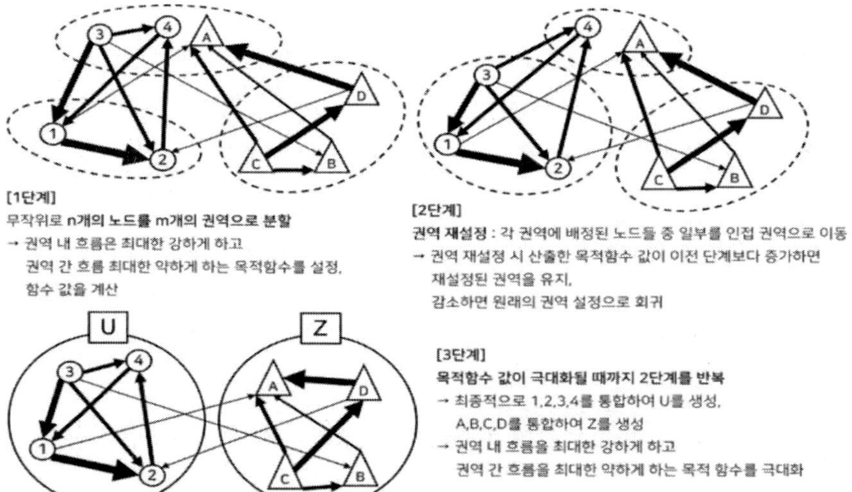

자료: 변필성 외, 『도시의 영향권과 기능 연계권 분석을 통한 도시권 획정 연구』, 2020.

---

10 네트워크(network) 커뮤니티 발견법을 통해 통근 권역을 파악한 대표적 사례로 Nelson and Rae(2016) 연구가 존재한다. 그들은 미국 지역사회조사(American Community Survey)의 통근통행 데이터를 활용하여 미국 내 통근 권역을 파악하였는데, 약 400만건의 통근통행 데이터를 사용하여 50개의 통근 권역을 관측하고 이를 메가시티로 제시하였다(Glocker, 2018).

제2절 메가시티 권역

InfoMap 네트워크 발견법을 활용하여 전국 시군구를 대상으로 분석한 메가시티 권역 분석 결과는 <부표 3-1>~<부표 3-4>에 제시되어 있다. 전국적으로 2000년 16개, 2005년 19개, 2010년 16개, 2015년 17개, 2020년 15개의 메가시티 커뮤니티가 발견되었으며, 2005년 이후 통근통행의 광역화로 커뮤니티의 수는 다소 줄어드는 양상을 보여주고 있다. <표 2-1>은 2020년 기준 15개의 메가시티 커뮤니티를 보여주고 있다.

커뮤니티 수가 가장 많았던 2005년을 기준으로 2000년 이후 시군구의 커뮤니티 변화를 비교 분석한 결과, 일부 시군구들의 경우 다른 커뮤니티로의 이동이 관측되었다. 예를 들어 아산, 천안은 2005~15년 동안 천안·아산권(O) 커뮤니티에 속하지만, 2000년과 2020년에는 당진, 보령, 서산 등 지역과 함께 충남2권(P)에 포함되었다. 청양의 경우 2010년에는

<표 2-1> 메가시티 커뮤니티(2020년)

2020년

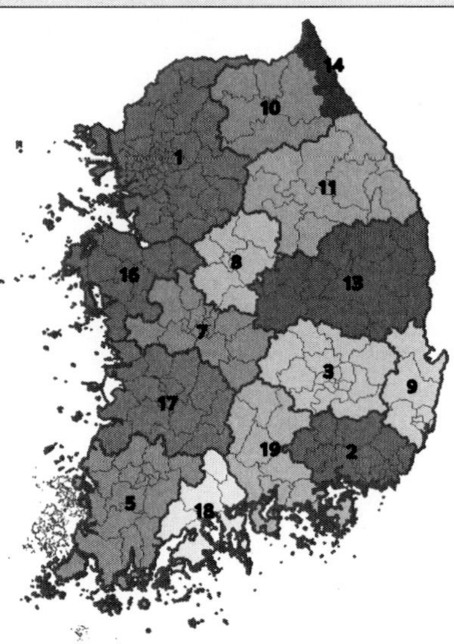

<표 2-1> 의 계속

커뮤니티	시군구명
수도권(A)-1	강남, 서울중구, 서초, 영등포, 화성, 성남, 종로, 송파, 마포, 수원, 구로, 용인, 금천, 강서, 안양, 부천, 용산, 성동, 평택, 안산, 고양, 시흥, 인천남동구, 인천서구, 동대문, 김포, 서대문, 파주, 인천중구, 부평, 강동, 광진, 남양주, 동작, 성북, 연수, 양천, 이천, 광주, 노원, 관악, 군포, 광명, 미추홀, 하남, 양주, 의정부, 중랑, 포천, 은평, 의왕, 계양, 안성, 강북, 구리, 도봉, 오산, 과천, 인천동구, 여주, 동두천, 가평, 양평, 연천, 강화, 철원(강원), 옹진
부산 · 경남1권 (B)-2	부산강서, 부산진, 김해, 해운대, 사상, 창원, 양산, 연제, 부산중구, 사하, 금정, 동래, 부산동구, 부산남구, 기장, 부산서구, 수영, 함안, 부산북구, 영도, 밀양, 창녕, 의령
대구 · 경북1권 (C)-3	달서, 대구북구, 대구중구, 수성, 대구동구, **구미**, 달성, 경산, 대구서구, **칠곡**, 대구남구, 영천, 성주, **김천**, 고령, 청도, 군위
광주 · 전남1권 (E)-5	광산, 광주서구, 광주북구, 광주동구, 나주, **영암**, 광주남구, **무안**, **목포**, 담양, 화순, 장성, 곡성, **해남**, 함평, 영광, **강진**, **장흥**, **완도**, **진도**
대전 · 충남1권 (G)-7	유성, 대전서구, **세종**, 대덕, 대전중구, 대전동구, 논산, 공주, 금산, 옥천(충북), 계룡, 부여, 영동(충북), **무주**(전북)
충북2권(H)-8	청주, 음성, 진천, 충주, 증평, 괴산, 보은
울산 · 포항 · 경주권(I)-9	울산남구, 울주, 울산북구, **경주**, 울산동구, 울산중구, **포항**
강원2권(J)-10	춘천, 홍천, 인제, 화천, 양구
강원3 · 충북3권 (K)-11	**원주**, 정선, 강릉, 삼척, **횡성**, 제천(충북), 단양(충북), 평창, 동해, 영월, 태백
경북3권(M)-13	안동, 상주, 영주, 문경, 의성, 예천, 봉화, 청송, **영덕**, **울진**, 영양
강원4권(N)-14	속초, 고성, 양양
충남2권(P)-16	**아산**, **천안**, 당진, 서산, 예산, 홍성, 보령, 태안, **청양**
전북1권(Q)-17	전주, 완주, 익산, 김제, 군산, 정읍, 서천(충남), 남원, 부안, 임실, 고창, 진안, 순창, 장수
전남2권(R)-18	여수, 광양, 순천, 보성, 고흥, 구례
경남2권(S)-19	사천, 거제, 진주, 고성, 통영, 하동, 산청, 합천, 거창, 남해, 함양

주: 1) 2000~20년 동안 속한 커뮤니티가 변경된 시군구는 진하게 표시함.
2) 커뮤니티는 '커뮤니티명(코드) - 지도 내 번호'로 표현됨.

대전, 계룡, 논산 등과 같이 대전 · 충남1권(G)에 포함되었지만, 이후 당진, 보령, 서산 등이 포함된 충남2권(P) 커뮤니티에 속하고 있다.

구미, 김천, 칠곡은 2005년에 경북5권(D) 커뮤니티에 속하지만, 그 이후 대구, 경산, 고령 등이 속한 대구 · 경북1권(C) 커뮤니티에 포함되고 있다.

강진, 목포, 무안, 영암, 완도, 장흥, 진도, 해남은 2005년 및 2015년에 전남3권(F)에 포함되지만 2010년, 2020년의 경우 광주, 나주, 영광 등과 함께 광주・전남1권(E)에 포함된다. 2015년부터 세종시로 편입된 연기군은 2000년부터 2005년까지는 청주, 충주, 진천 등과 같이 충북2권(H) 커뮤니티에 포함되었으나, 2010년부터는 대전, 계룡, 논산 등이 속한 대전・충남1권(G)에 포함된다. 무주는 2000년에 전주, 임실, 고창 등과 같이 전북1권(Q)에 속하였으나, 2005년 이후 대전, 계룡, 논산 등과 같이 대전・충남1권(G)에 포함된다.

영덕, 울진, 경주, 포항은 2000~05년에는 하나의 포항・경주・경북4권(L) 커뮤니티에 속하였다. 그러다 영덕, 울진은 2010년에 안동, 문경, 의성 등이 속한 경북3권(M) 커뮤니티에, 2015년에는 강릉, 동해, 삼척 등이 속한 강원3・충북3권(K)에 포함되었다가 2020년에 다시 경북3권(M) 커뮤니티에 포함되었다. 경주, 포항은 2010년부터 울산・포항・경주권(I)에 속하고 있다.

원주, 횡성은 2010년까지는 강릉, 동해, 삼척 등과 같이 강원3・충북3권(K)에 속하였다가 2015년에는 춘천, 양구, 인제 등이 포함된 강원2권(J)에, 2020년에는 다시 강원3・충북3권(K) 커뮤니티에 포함되었다.

커뮤니티에 포함된 시군구 수를 파악한 결과 최소 3개에서 최대 67개의 시군구가 포함되는 것으로 파악되었다. 2020년 수도권(A) 커뮤니티의 경우 총 67개의 시군구가 포함되어 가장 규모가 큰 커뮤니티로 분석되었다. 그다음은 부산과 경남 일부의 시군구가 포함된 부산・경남1권(B) 커뮤니티로, 23개의 시군구로 구성되고 있다. 한편, 강원도의 속초, 고성, 양양 등 3개 시군구가 속한 강원4권(N) 커뮤니티가 시군구 수 측면에서 가장 작은 커뮤니티로 분석되었다. <표 2-2>는 2020년 기준 각 통근 커뮤니티에 포함된 시군구 및 인구 규모를 보여주고 있다.

커뮤니티별 인구 규모를 살펴보면 총 67개의 시군구가 포함된 수도권(A)이 가장 큰 커뮤니티로 분석되었고 그다음으로는 부산과 경남 일부의 시군구가 포함된 부산・경남1권(B)의 인구 규모가 크다. 대구시와 경상

<표 2-2> 커뮤니티 그룹별 시군구 및 인구(2020년)

(단위: 개, 천명)

	수도권 (A)	부산·경남1권 (B)	대구·경북1권 (C)	광주·전남1권 (E)	대전·충남1권 (G)	충북2권 (H)	울산·포항·경주권(I)	강원2권 (J)	강원3·충북3권 (K)	경북3권 (M)	강원4권 (N)	충남2권 (P)	전북1권 (Q)	전남2권 (R)	경남2권 (S)	합계
서울	25															25
부산		16														16
대구			8													8
인천	10															10
광주				5												5
대전					5											5
울산							5									5
세종					1											1
경기	31															31
강원	1							5	9		3					18
충북					2	7			2							11
충남					5							9	1			15
전북					1								13			14
전남				15										6		21
경북			9				2			11						22
경남		7													11	18
시군구 수	67	23	17	20	14	7	7	5	11	11	3	9	14	6	11	225
인구수	26,043	5,538	3,603	2,422	2,348	1,374	1,898	426	1,081	681	133	1,739	1,831	810	1,144	-

북도 경산, 고령, 구미, 군위, 김천, 성주, 영천, 청도, 칠곡이 포함된 대구·경북1권(C)의 경우 시군구 수(17개) 측면에서는 광주와 전남 일부가 포함된 광주·전남1권(E)(20개)보다 작지만 인구 규모 측면에서는 부산과 경남 일부 지역이 포함된 부산·경남1권(B) 다음으로 큰 인구 규모를 보여주고 있다. 강원도의 속초, 고성, 양양 등 3개 시군구가 속한 강원4권(N)이 시군구 수뿐만 아니라 인구 규모 측면에서도 가장 작은 커뮤니티로 분석되었다.

2020년 기준 커뮤니티를 광역지자체별로 살펴본 결과, 서울·인천·경기도로 구성된 수도권을 제외하면 지방 광역지자체별로 2~4개의 커뮤니티를 갖는 것으로 나타났다(표 2-3).

강원도의 경우 광역지자체 중 가장 많은 4개의 메가시티 커뮤니티로 분할되고 있다. 강원1권(A)은 철원, 강원2권(J)은 양구, 인제, 춘천 등으로 구분되었으며 강릉, 동해, 삼척의 강원3권은 충북3권과 하나의 커뮤니티(K)를 이루는 것으로 나타났다. 강원4권(N)은 고성, 속초, 양양을 포함하는 것으로 분류되었다.

충청북도는 3개의 메가시티 커뮤니티로 나누어졌다. 대전·충남1권(G)은 영동, 옥천을, 충북2권(H)은 진천, 청주, 충주 등을 포함하고 있고, 충북3권(K)은 단양, 제천으로 구성되어 있는 커뮤니티로 분류되었다. 대전·충남1권의 경우 대전, 세종, 충북1권, 충남1권 그리고 전북1권과 하나의 커뮤니티(G)를 이룬다. 충청남도는 3개의 메가시티 커뮤니티로 구분되었다. 충남1권은 계룡, 공주, 논산 등을 포함하는 G 커뮤니티, 충남2권은 당진, 아산, 천안 등으로 구성되는 P 커뮤니티, 충남3권은 서천으로 구성되어 있는 Q 커뮤니티로 분류되었다. 충남3권인 서천은 전북1권과 하나의 Q 메가시티 커뮤니티를 이루고 있다.

전라북도는 2개의 커뮤니티로 구분되었다. 전북1권은 고창, 군산, 전주 등으로 구성되어 있는 Q 커뮤니티, 전북2권은 무주만으로 구성되는 G 커뮤니티로 분류되었다. 전라남도도 2개의 커뮤니티로 나누어진다. 전남1권은 나주, 담양, 목포 등을 포함하는 E 커뮤니티, 전남2권은 보성, 순천, 여수 등을 포함하는 R 커뮤니티로 구분되는데, 전남1권은 광주와 하나의

<표 2-3> 광역지자체별 메가시티 커뮤니티(2020년)

(단위: 천명)

<table>
<tr><th></th><th colspan="3">커뮤니티 수 및 커뮤니티</th><th>인구 규모</th><th>해당 시군구</th></tr>
<tr><td>서울</td><td>1</td><td>수도권</td><td>A</td><td>9,586.2</td><td>강남, 강동, 강북, 강서, 관악, 광진, 구로, 금천, 노원, 도봉, 동대문, 동작, 마포, 서대문, 서초, 성동, 성북, 송파 ,양천, 영등포, 용산, 은평, 종로, 중구, 중랑</td></tr>
<tr><td>부산</td><td>1</td><td>부산·경남권</td><td>B</td><td>3,349.0</td><td>강서, 금정, 기장, 남구, 동구, 동래, 부산진, 북구, 사상, 사하, 서구, 수영, 연제, 영도, 중구, 해운대</td></tr>
<tr><td>대구</td><td>1</td><td>대구·경북권</td><td>C</td><td>2,410.7</td><td>중구, 동구, 서구, 남구, 북구, 수성, 달서, 달성</td></tr>
<tr><td>인천</td><td>1</td><td>수도권</td><td>A</td><td>2,945.5</td><td>강화, 계양, 남동구, 동구, 미추홀, 부평, 서구, 연수, 옹진, 중구</td></tr>
<tr><td>광주</td><td>1</td><td>광주·전남권</td><td>E</td><td>1,477.6</td><td>광산, 남구, 동구, 북구, 서구</td></tr>
<tr><td>대전</td><td>1</td><td>대전·충북권</td><td>G</td><td>1,488.4</td><td>대덕, 동구, 서구, 유성, 중구</td></tr>
<tr><td>울산</td><td>1</td><td>울산권</td><td>I</td><td>1,135.4</td><td>남구, 동구, 북구, 울주, 중구</td></tr>
<tr><td>세종</td><td>1</td><td>대전·충북권</td><td>G</td><td>353.9</td><td>세종</td></tr>
<tr><td>경기</td><td>1</td><td>수도권</td><td>A</td><td>13,511.7</td><td>가평, 고양, 과천, 광명, 광주, 구리, 군포, 김포, 남양주, 동두천, 부천, 성남, 수원, 시흥, 안산, 안성, 안양, 양주, 양평, 여주, 연천, 오산, 용인, 의왕, 의정부, 이천, 파주, 평택, 포천, 하남, 화성</td></tr>
<tr><td rowspan="4">강원</td><td rowspan="4">4</td><td>강원 1</td><td>A</td><td>43.0</td><td>철원</td></tr>
<tr><td>강원 2</td><td>J</td><td>426.4</td><td>양구, 인제, 춘천, 홍천, 화천</td></tr>
<tr><td>강원 3</td><td>K</td><td>918.9</td><td>강릉, 동해, 삼척, 영월, 정선, 태백, 평창, 원주, 횡성</td></tr>
<tr><td>강원 4</td><td>N</td><td>133.4</td><td>고성, 속초, 양양</td></tr>
<tr><td rowspan="3">충북</td><td rowspan="3">3</td><td>충북 1</td><td>G</td><td>95.9</td><td>영동, 옥천</td></tr>
<tr><td>충북 2</td><td>H</td><td>1,373.8</td><td>괴산, 보은, 음성, 증평, 진천, 청주, 충주</td></tr>
<tr><td>충북 3</td><td>K</td><td>162.4</td><td>단양, 제천</td></tr>
<tr><td rowspan="3">충남</td><td rowspan="3">3</td><td>충남 1</td><td>G</td><td>386.9</td><td>계룡, 공주, 금산, 논산, 부여</td></tr>
<tr><td>충남 2</td><td>P</td><td>1,738.7</td><td>당진, 보령, 서산, 예산, 태안, 홍성, 아산, 천안, 청양</td></tr>
<tr><td>충남 3</td><td>Q</td><td>51.0</td><td>서천</td></tr>
</table>

<표 2-3>의 계속

	커뮤니티 수 및 커뮤니티			인구규모	해당 시군구
전북	2	전북 1	Q	1,780.1	고창, 군산, 김제, 남원, 부안, 순창, 완주, 익산, 임실, 장수, 전주, 정읍, 진안
		전북 2	G	22.7	무주
전남	2	전남 1	E	943.9	강진, 곡성, 나주, 담양, 목포, 무안, 영광, 영암, 완도, 장성, 장흥, 진도, 함평, 해남, 화순
		전남 2	R	809.7	고흥, 광양, 구례, 보성, 순천, 여수
경북	3	경북 1	C	1,192.1	경산, 고령, 구미, 군위, 김천, 성주, 영천, 청도, 칠곡
		경북 2	I	762.9	경주, 포항
		경북 3	M	681.4	문경, 봉화, 상주, 안동, 영덕, 영양, 영주, 예천, 울진, 의성, 청송
경남	2	경남 1	B	2,188.8	김해, 밀양, 양산, 의령, 창녕, 창원, 함안
		경남 2	S	1,144.3	거제, 거창, 고성, 남해, 사천, 산청, 진주, 통영, 하동, 함양, 합천

E 커뮤니티를 이루고 있다.

경상북도는 3개의 커뮤니티로 구분된다. 경북1권은 경산, 구미, 김천 등을 포함하는 C 커뮤니티, 경북2권은 경주, 포항으로 구성된 I 커뮤니티, 경북3권은 문경, 안동, 울진 등을 포함하는 M 커뮤니티로 분류된다. 경북1권은 대구와 C 커뮤니티를, 경북2권은 울산과 하나의 I 커뮤니티를 이룬다. 경상남도는 2개의 커뮤니티로 구분되며, 경남1권은 김해, 밀양, 창원, 함안 등의 B 커뮤니티, 경남2권은 거제, 남해, 통영 등으로 구성된 S 커뮤니티로 분류된다. 경남1권은 부산과 같이 B 메가시티 커뮤니티로 분류된다.

제3절 초광역권 및 대도시권과의 비교

본 절에서는 통근통행이 연계되어 있는 메가시티 커뮤니티와 대도시를 중심으로 설정된 초광역권 및 대광법상 대도시권과의 비교를 수행한다. 이를 통해 시·도의 행정구역 초월을 전제로 설정된 현재의 초광역권 또는 대도시권이 실제 생활 및 경제활동의 기능적 연계를 기반으로 하고 있는지 살펴본다. 또한 통근통행의 기능적인 연계는 되어 있으나 동일 권역에는 포함되지 않은 시군구들과, 이와는 반대로 동일한 권역에 포함되어 있지만 상호 기능적으로 연계되어 있지 않은 권역 내 시군들을 파악하여, 현행 관련 법에서 정하고 있는 초광역권 및 대도시권 설정의 개선 필요성을 제시하여 향후 광역 교통사업 추진 시 권역 설정에 대한 정책적 함의를 살펴본다.

<표 2-4>는 본 연구에서 발견한 인구 100만명 이상의[11] 메가시티 권역을 보여주고 있다. 수도권(A), 부산・경남1권(B), 대구・경북1권(C), 광주・전남1권(E), 대전・충남1권(G), 울산・포항・경주권(I), 전북1권(Q), 충남2권(P), 충북2권(P), 경남2권(S), 강원・충북3권(K) 등이 이에 해당되고 있다.

부・울・경[12] 초광역권의 경우, 부산과 경남 일부 지역은 하나의 커뮤니티를 형성하지만, 울산은 경주 및 포항과 별도의 다른 커뮤니티를 형성하고 있는 것으로 분석되었다.

대구, 안동 그리고 포항을 포함하는 대구・경북권 초광역권의 경우, 안동 및 포항은 대구와는 별개의 권역으로 분석되었는데, 안동은 경북3권(M) 그리고 포항은 울산・포항・경주권(I)에 속하는 것으로 분석되었다.

한편, 광주권(광주, 장성, 담양, 화순, 나주, 함평)과 목포권, 전남 동부권의 연계에 기반하고 있는 광주・전남 초광역권은 본 연구에서 분석한 광주・전남1권(E)과 일치하고 있다.

---

11 OECD에서는 통근 영향권을 포괄한 지역 내에서 인구밀도가 높은 중심도시와 이를 둘러싼 주변 도시지역을 기능적 도시지역(Functional Urban Areas: FUAs)으로 구분(OECD, 2012; Dijkstra *et al.*, 2019)하는 등 인구 규모와 밀도를 중요한 권역 설정 기준으로 고려하였다. 미국의 경우에도 인구 규모와 밀도가 높고, 긴밀한 경제적 관계를 가지고 있는 지리적 지역을 대도시 통계 지구(Metropolitan Statistical Area: MSA)로 지정하여, 연방 예산을 배정하고 도시 계획, 교통, 주택 정책 등을 수립할 때 활용하고 있다.

12 2022년 전국지방선거 이후 부・울・경 특별연합(특별지방자치단체)의 실효성에 대한 의문이 제기되어 해당 특별자치단체의 출범은 무산되었고, 부・울・경 초광역경제동맹추진단 협의체를 구성하여 부산과 경남지역의 행정구역 통합에 관한 연구를 진행 중이다.

<표 2-4> 인구 100만명 이상 메가시티 커뮤니티 및 시군구(2020년)

(단위: 천명, 명/㎢, 개)

	인구수	인구 밀도	시군구 수	해당 시군구
수도권(A)	26,043	2,194.8	67	서울, 경기, 인천
부산・경남1권(B)	5,538	1,178.7	23	부산, 김해, 창원, 양산, 함안, 밀양, 창녕, 의령
대구・경북1권(C)	3,603	546.0	17	대구, 구미, 경산, 칠곡, 영천, 성주, 김천, 고령, 청도, 군위
광주・전남1권(E)	2,422	288.6	20	광주, 나주, 영암, 무안, 목포, 담양, 화순, 장성, 곡성, 해남, 함평, 영광, 강진, 장흥, 완도, 진도
대전・충남1권(G)	2,348	411.8	14	대전, 세종, 논산, 공주, 금산, 옥천(충북) 계룡, 부여, 영동(충북), 무주(전북)
울산・포항・경주권(I)	1,898	539.7	7	울산, 경주, 포항
전북1권(Q)	1,831	234.6	14	전주, 완주, 익산, 김제, 군산, 정읍, 서천, 남원, 부안, 임실, 고창, 진안, 순창, 장수
충남2권(P)	1,738.7	334.5	9	당진, 보령, 서산, 예산, 태안, 홍성, 아산, 천안, 청양
충북2권(H)	1,373.8	315.1	7	청주, 음성, 진천, 충주, 증평, 괴산, 보은
경남2권(S)	1,144	169.4	11	사천, 거제, 진주, 고성, 통영, 하동, 산청, 합천, 거창, 남해, 함양
강원・충북3권(K)	1,081	107.6	11	원주, 정선, 강릉, 삼척, 횡성, 제천(충북), 단양(충북), 평창, 동해, 영월, 태백

충청권의 경우, 천안, 아산, 세종, 청주 및 대전을 포함하는 초광역권 발전을 구상하고 있지만 본 연구의 분석에 따르면 대전과 세종만이 동일한 대전・충남1권(G) 커뮤니티에 속하는 것으로 분석되어 정부에서 지방균형 발전을 위해 추진하고 있는 초광역권은 생활권 및 경제권에 대한 기능적인 연계에 대한 고려가 미흡한 행정구역 중심의 광역권으로 제시되어 있음을 알 수 있다.

<표 2-6>에서는 본 연구에서 제시하는 메가시티 커뮤니티를 대광법 시행령에 정의된 2020년 기준 수도권, 부산・울산권, 대구권, 광주권, 대전권과 비교하였다. 5개 대도시권 권역 내 포함된 시군구의 변화는 <부표 2-1>을 참고하기 바란다.

<표 2-5> 초광역권과 메가시티 커뮤니티 비교

초광역권	메가시티 커뮤니티 및 해당 시군구
부산・울산・경남 (부・울・경)	부산・경남1권(B): 부산, 김해, 창원, 양산, 함안, 밀양, 창녕, 의령
	울산・포항・경주권(I): 울산, 경주, 포항
	경남2권(S): 사천, 거제, 진주, 고성, 통영, 하동, 산청, 합천, 거창, 남해, 함양
대구・경북권 (대구・경북)	대구・경북1권(C): 대구, 구미, 경산, 칠곡, 영천, 성주, 김천, 고령, 청도, 군위
광주・전남권 (광주・전남)	광주・전남1권(E): 광주, 나주, 영암, 무안, 목포, 담양, 화순, 장성, 곡성, 해남, 함평, 영광, 강진, 장흥, 완도, 진도
충청권 (대전・세종・충북・충남)	대전・충남1권(G): 대전, 세종, 논산, 공주, 금산, 옥천(충북) 계룡, 부여, 영동(충북), 무주(전북)
	충북2권(H): 청주, 음성, 진천, 충주, 증평, 괴산, 보은
	충남2권(P): 당진, 보령, 서산, 예산, 태안, 홍성, 아산, 천안, 청양

자료: 초광역권 내용은 박경현 외(2022) 및 지방시대위원회 홈페이지 자료를 기반으로 작성하였으며, 메가시티 커뮤니티 및 해당 시군구 내용은 저자가 직접 작성함.

<표 2-6> 대도시권과 메가시티 권역(2020년 기준)

권역	대광법 대도시권(2020)	메가시티 권역
수도권	서울특별시, 인천광역시 및 경기도	수도권(A): 서울특별시, 인천광역시 및 경기도
부산・울산권	부산광역시, 울산광역시, 경상남도 양산시・김해시・창원시・거제시・밀양시, 경상북도 경주시	부산・경남 1권(B): 부산, 김해, 창원, 양산, **함안, 밀양, 창녕, 의령**
		울산・포항・경주권(I): 울산, **경주, 포항**
대구권	대구광역시, 경상북도 구미시・경산시・영천시・군위군・청도군・고령군・성주군・칠곡군, 경상남도 **창녕군**	대구・경북 1권(C): 대구, 구미, 경산, 칠곡, 영천, 성주, **김천**, 고령, 청도, 군위
광주권	광주광역시, 전라남도 나주시・담양군・화순군・함평군・장성군	광주・전남 1권(E) : 광주, 나주, **영암, 무안, 목포**, 담양, 화순, 장성, **곡성, 해남**, 함평, **영광, 강진, 장흥, 완도, 진도**
대전권	대전광역시, 세종특별자치시, 충청남도 공주시・논산시・계룡시・금산군, 충청북도 청주시・보은군・옥천군	대전・충남 1권(G): 대전, 세종, 논산, 공주, 금산, 옥천(충북) 계룡, **부여, 영동(충북), 무주(전북)**
		충북 2권(H): 청주, **음성, 진천, 충주, 증평, 괴산,** 보은

주: 대광법 대도시권(2020)과 메가시티 권역 간 일치하지 않는 시군구는 볼드 및 밑줄 표시함.
자료: 대광법 대도시권(2020)은 「대도시권 광역교통관리에 관한 특별법 시행령」 별표1 대도시권의범위[제2조관련]를 기반으로 작성하였으며, 메가시티 권역은 저자가 직접 작성함.

대광법에서는 부산·울산권을 통합하여 하나의 대도시권으로 지정하고 있으나, 본 연구의 분석 결과 경주, 포항 및 울산의 경우, 대광법의 부산권과는 별도의 메가시티 커뮤니티를 이루고 있는 것으로 파악되었다. 즉, 대광법의 부산·울산권은 통근통행의 기능적 연계를 고려할 때 부산, 김해, 창원, 양산, 함안, 밀양, 창녕, 의령이 포함된 부산·경남1권(B)과 울산, 경주, 포항이 속하는 울산·포항·경주권(I)으로 분할 및 확장될 필요가 있을 것으로 판단된다.

대광법에서의 대구권은 창녕군을 포함하고 있으나 부산시를 중심으로 하는 부산·경남1권(B)으로의 이동이 필요할 것으로 보이며, 현재는 포함되지 않는 김천시가 새로이 대구·경북1권(C)에 포함되어야 한다.

광주권은 권역 확장의 필요성이 존재한다. 기존에 포함된 시군구 이외에도 추가적으로 영암, 무안, 목포, 곡성, 해남, 영광, 강진, 장흥, 완도, 진도군이 광주·전남1권(E)으로 포함되어야 한다.

대광법의 대전권도 대전·충남1권(G)과 충북2권(H)으로 분할되어야 하며, 부여, 영동(충북), 무주(전북) 등이 대전·충남1권(G)에, 음성, 진천, 충주, 증평, 괴산이 충북2권(H)에 포함되어야 할 것으로 분석되었다.

대광법에서 제시하고 있는 대도시권의 확장 분할과 더불어 인구 규모 및 메가시티 커뮤니티에 속한 시군구 수를 고려할 때 전주, 완주, 익산, 김제, 군산, 정읍, 서천(충남), 남원, 부안, 임실, 고창, 진안, 순창, 장수를 포함하는 전북1권(Q)이 추가적으로 통근통행이 연계된 대도시권 범위에 포함될 수 있을 것으로 판단된다.

제3장

메가시티 구축을 위한 중심성 분석

공간구조는 도시를 이루는 각각의 공간이 가지고 있는 특정한 기능이나 토지 이용, 도시활동의 집중 및 분산 등과 같은 다양한 요소들과 유기적으로 상호 작용하며 변화한다. 교통 기능이 집적된 거점 또는 중심 도시들도 이러한 변화 과정에서 그 위치와 영향력이 달라지게 된다.

본 장에서는 메가시티 구축을 위한 교통정책의 수립을 위해 메가시티 권역 내 중심 및 거점 역할을 수행하는 시군구를 파악하고 중심성 지수 변화 요인을 분석한다. 특히 메가시티 구축을 위해 추진 가능성이 가장 높은 대규모 교통투자사업이며 권역 내 시군구의 중심성 지수 변화에 가장 큰 영향을 미칠 수 있다고 판단되는 철도서비스 공급이 중심성에 미치는 영향과 지속성을 파악하여 중심 및 거점 도시 육성을 위한 교통 공급 정책 방향에 대한 시사점을 제시한다.

제1절 네트워크 중심성

네트워크 중심성은 가장 영향력 있는 특정 노드의 다른 노드들에 대한 상대적인 영향력 측도를 의미한다. 이를 통해 네트워크 내에서 어떤 노드가 선호되거나 영향력이 큰지를 파악할 수 있다. 대표적인 중심성 지수

<표 3-1> 대표적 중심성 지수의 정의 및 특성

구분	정의	특징
연결중심성 (Degree Centrality)	네트워크 안에서 특정 노드에 인접하여 연계(연결)되어 있는 상이한 노드의 수	- 노드가 많은 연결을 가질수록 중심성이 높다고 판단 - 특정 노드의 연결중심성이 크다는 것은 직접적인 관계를 맺고 있는 노드들의 수가 많음을 의미 - 네트워크 내에서 간단하고 직관적으로 계산할 수 있는 중심성 지표
매개중심성 (Betweenness Centrality)	네트워크 안에서 특정 노드가 다른 상이한 두 노드 사이에 위치하는 정도	- 자체적으로 연계될 수 없는 상이한 두 노드를 매개시켜 주는 중계인 또는 다리(bridge)의 역할을 수행하는 노드의 능력을 의미 - 한 노드가 다른 노드들 간의 최단 경로상에 얼마나 자주 등장하는지를 나타내는 지표 - 두 노드 간의 통신이나 정보 전달에 있어서 얼마나 매개 역할을 하는지를 측정 - 매개중심성이 높은 노드는 네트워크의 효율성과 안정성에 중요한 역할을 할 수 있음
근접중심성 (Closeness Centrality)	하나의 노드와 연결된 모든 노드 간의 거리의 합	- 네트워크 내에서의 정보권력, 영향력 및 지위 등에 대한 확보와 접근이 보다 용이 - 노드가 다른 모든 노드까지의 평균 최단 거리에 얼마나 가까운지를 나타내는 지표 - 한 노드가 다른 노드들과의 거리가 짧을수록 중심성이 높다고 판단 - 빠른 정보 전달이 필요한 경우에 중요한 지표로 활용
위세중심성 (Eigenvector Centrality)	노드에 연결된 중요한 노드의 수	- 중요한 노드와 연결된 노드일수록 해당 노드의 위세중심성이 높아짐 - 네트워크 내에서 영향력 있는 노드를 찾을 때 활용

자료: Yang *et al.*,(2010), pp.77~92.

로는 연결중심성(degree centrality), 매개중심성(betweenness centrality) 그리고 근접중심성(closeness centrality) 지수 등이 존재하며, <표 3-1>에 그 정의와 특징이 제시되어 있다.

본 연구에서는 시군구 간 통행의 방향성과 통근통행량을 고려한 유입 연결중심성 지수와 유출 연결중심성 지수를 각 시군구의 중심성 지수로 사용한다.

유입 연결중심성 지수는 통근 네트워크로 연결되어 있는 다른 시군구에서 해당 시군구로의 통근통행량 크기로, 해당 시군구의 직장 위치 선호도와 영향력을 의미한다. 유출 연결중심성 지수는 해당 시군구와 통근 네트워크로 연결되어 있는 다른 시군구들로의 통근통행량 크기로, 주거 위치 선호도와 영향력을 나타낸다.

유입 연결중심성 지수(D_i^I), 유출 연결중심성 지수(D_i^O)는 식 (1)~(2)와 같다.

$$D_i^I = \sum_{j=1}^{N} T_{ji}(i \neq j) \quad (1)$$

- 여기서 T_{ji} 는 시군구 j에서 시군구 i로의 (유출)통행량이다. N은 동일 커뮤니티에 속한 시군구 수를 의미한다.

$$D_i^O = \sum_{j=1}^{N} T_{ij}(i \neq j) \quad (2)$$

- 여기서 T_{ij} 는 시군구 i에서 시군구 j로의 (유입)통행량이다.

제2절 중심성 분석 결과

<표 3-2>는 2020년 기준 광역지방자치단체별로 중심성 지수가 높은 시군구를 보여주고 있다.[13] 서울시에 위치한 시군구 중 강남구와 중구가 직장 출근지로의 중심지 역할을 수행하고 있는 반면, 주거지로서는 관악구와 강서구가 중심지로 분석되었다. 부산시에서는 강서구와 진구가 다른 시군구의 통근통행 도착 중심지로서 역할을 수행하고 있으며, 해운대구와 동래구가 통근통행의 유출 중심지역으로 분석되었다. 대전시, 강원도, 충남, 전북, 경남의 경우 동일한 시군구에서 통근통행의 유입 및 유출 중심지 역할을 수행하고 있는 것으로 분석되었다.

---

13 연도별 메가시티 권역 내 유입 및 유출 연결중심성 지수는 <부표 5-1>~<부표 5-2>에 제시되어 있다.

<표 3-2> 광역지방자치단체별 연결중심성 지수 상위 5개 시군구(2020년)

	유입 연결중심성 지수	유출 연결중심성 지수
서울	강남, 중구, 서초, 영등포, 종로	관악, 강서, 송파, 영등포, 동작
부산	강서, 부산진, 해운대, 사상, 연제	해운대, 동래, 연제, 북구, 남구
대구	달서, 북구, 중구, 수성, 동구	북구, 달서, 수성, 달성, 동구
인천	남동구, 서구, 중구, 부평, 연수	부평, 남동구, 계양, 연수, 서구
광주	광산, 서구, 북구, 동구, 남구	북구, 서구, 남구, 광산, 북구
대전	유성, 서구, 대덕, 중구, 동구	서구, 유성, 중구, 대덕, 동구
울산	남구, 울주, 북구, 동구, 중구	중구, 남구, 북구, 울주, 동구
경기	화성, 성남, 수원, 용인, 안양	성남, 수원, 용인, 고양, 부천
강원	원주, 춘천, 정선, 강릉, 삼척	원주, 춘천, 태백, 속초, 동해
충북	청주, 음성, 진천, 충주, 증평	청주, 진천, 제천, 음성, 증평
충남	아산, 천안, 당진, 논산, 공주	천안, 아산, 계룡, 공주, 아산
전북	전주, 완주, 익산, 김제, 군산	전주, 완주, 익산, 군산, 김제
전남	여수, 나주, 영암, 광양, 순천	순천, 목포, 광양, 나주, 무안
경북	구미, 경산, 칠곡, 경주, 영천	경산, 칠곡, 구미, 포항, 경주
경남	김해, 창원, 양산, 함안, 사천	창원, 김해, 양산, 진주, 사천

주: 앞서 제시된 도시가 중심성이 높은 도시를 의미함.

한편, <표 3-3>은 2020년 기준 인구가 100만명 이상인 메가시티 권역 내 연결중심성 지수가 높은 중심 및 거점 시군구를 보여주고 있다. 수도권(A)의 경우 서울 강남과 중구가 직장 출근지로서 중심지 역할을 수행하고 있는 반면, 주거지로서는 경기 성남, 경기 수원시가 중심지 역할을 수행하는 것으로 분석되었다.

부산・경남1권(B)의 경우 부산 강서, 진구가 통근통행 도착 중심지로서 역할을 수행하고 있으며 부산 해운대와 경남 창원시는 통근통행의 유출 중심지역으로 분석되었다. 광주시와 전남 시군구로 구성되어 있는 광주・전남1권(E)에서는 광주시의 광산, 서구가 통행 유입 중심지 역할을, 북구, 서구가 유출 중심지 역할을 수행하고 있다.

울산・포항・경주권(I), 대구와 경북 시군구가 포함되어 있는 대구・경북1권(C)의 경우 울산시와 대구시가 각각 통근통행 유입 및 유출 중심지로서 역할을 수행하고 있다. 한편, 대전・충남1권(G)의 경우, 세종시는

<표 3-3> 메가시티 권역별 연결중심성 지수 상위 5개 시군구(2020년)

	유입 연결중심성 지수	유출 연결중심성 지수
수도권(A)	서울 강남, 서울 중구, 서울 서초, 서울 영등포, 경기 화성	경기 성남, 경기 수원, 경기 용인, 경기 고양, 경기 부천
부산·경남 1권(B)	부산 강서, 부산 진, 경남 김해, 부산 해운대, 부산 사상	부산 해운대, 경남 창원, 부산 동래, 부산 연제, 부산 북구
대구·경북 1권(C)	대구 달서, 대구 북구, 대구 중구, 대구 수성, 대구 동구	대구 북구, 대구 달서, 대구 수성, 대구 달성, 대구 동구
광주·전남 1권(E)	광주 광산, 광주 서구, 광주 북구, 광주 동구, 전남 나주	광주 북구, 광주 서구, 광주 남구, 광주 광산, 전남 목포
대전·충남 1권(G)	대전 유성, 대전 서구, 세종, 대전 대덕, 대전 중구	대전 서구, 세종, 대전 유성, 대전 중구, 대전 대덕
울산·포항 ·경주권(I)	울산 남구, 울산 울주, 울산 북구, 경북 경주, 울산 동구	울산 중구, 울산 남구, 울산 북구, 울산 울주, 울산 동구
전북1권(Q)	전북 전주, 전북 완주, 전북 익산, 전북 김제, 전북 군산	전북 전주, 전북 완주, 전북 익산, 전북 군산, 전북 김제
충남2권(P)	충남 아산, 충남 천안, 충남 당진, 충남 서산, 충남 예산	충남 천안, 충남 아산, 충남 홍성, 충남 당진, 충남 서산
충북2권(H)	충북 청주, 충북 음성, 충북 진천, 충북 충주, 충북 증평	충북 청주, 충북 진천, 충북 음성, 충북 증평, 충북 충주
경남2권(S)	경남 사천, 경남 거제, 경남 진주, 경남 고성, 경남 통영	경남 진주, 경남 사천, 경남 통영, 경남 거제, 경남 고성
강원·충북 3권(K)	강원 원주, 강원 정선, 강원 강릉, 강원 삼척, 강원 횡성	강원 원주, 충북 제천, 강원 태백, 강원 동해, 강원 강릉

주: 앞서 제시된 도시가 중심성이 높은 도시를 의미함.

통근통행 유입 중심지 역할보다는 다른 지역으로의 통근통행 유출 중심지로서 역할을 수행하고 있다.

한편, 대광법상 대도시권 내 메가시티 권역의 중심 및 거점 시군구를 파악해 보았다(표 3-4). 이를 위해 대도시권 내 특·광역시의 "구"들의 평균 중심성 지숫값을 특·광역시 중심성 지수로 사용하였다. 연도별 메가시티 권역 및 대도시권별 중심성 지수 산출 결과는 <부표 5-3>~<부표 5-9>에 제시하였다.

분석 결과, 2020년 기준 수도권의 경우 경기도 화성, 성남, 수원, 용인, 서울시 순으로 통근통행의 유입 중심성 지수가 높은 것으로 파악되었다. 유출 연결중심성 지수의 경우 경기 성남, 경기 수원, 경기 용인, 경기

<표 3-4> 대도시권 내 메가시티 권역의 연결중심성 지수 상위 5개 시군구(2020년)

대도시권	메가시티 권역	유입 연결중심성 지수	유출 연결중심성 지수
수도권	수도권(A)	경기 화성, 경기 성남, 경기 수원, 경기 용인, 서울특별시	경기 성남, 경기 수원, 경기 용인, 경기 고양, 경기 부천
부산·울산권	부산·경남1권(B)	경남 김해, 경남 창원, 부산광역시, 경남 양산, 경남 함안	경남 창원, 경남 김해, 부산광역시, 경남 양산, 경남 함안
	울산·포항·경주권(I)	울산광역시, 경북 경주, 경북 포항	울산광역시, 경북 포항, 경북 경주
대구권	대구·경북1권(C)	대구광역시, 경북 구미, 경북 경산, 경북 칠곡, 경북 영천	대구광역시, 경북 경산, 경북 칠곡, 경북 구미, 경북 김천
광주권	광주·전남1권(E)	광주광역시, 전남 나주, 전남 영암, 전남 무안, 전남 목포	광주광역시, 전남 목포, 전남 나주, 전남 무안, 전남 담양
대전권	대전·충남1권(G)	대전광역시, 세종, 충남 논산, 충남 공주, 충남 금산	세종, 대전광역시, 충남 계룡, 충남 공주, 충남 논산
	충북2권(H)	충북 청주, 충북 음성, 충북 진천, 충북 충주, 충북 증평	충북 청주, 충북 진천, 충북 음성, 충북 증평, 충북 충주

주: 앞서 제시된 도시가 중심성이 높은 도시를 의미함.

고양, 경기 부천 순으로 분석되었다. 반면, 지방 대도시권의 경우 수도권의 서울 및 인천광역시와는 달리 지방광역시가 통근통행의 유입 및 유출 중심지 역할을 수행하는 것으로 분석되었다. 예를 들어 부산·울산권 대도시권 내 부산·경남1권(B)의 경우 경남 김해, 경남 창원, 부산광역시, 경남 양산, 경남 함안 순으로 유입 중심성이 높은 것으로 분석되었으며, 유출 연결중심성의 경우 경남 창원, 경남 김해, 부산광역시, 경남 양산, 경남 함안 순으로 높은 것으로 분석되어 부산광역시를 포함한 지방광역시가 권역 내 통근통행의 유입 및 유출 중심지 역할을 수행하는 것으로 분석되었다.

제3절 철도서비스 공급과 중심성

철도서비스 공급은 도시의 중심성 및 접근성의 변화에 크게 영향을 미치며 이에 대한 국내외 다양한 연구가 존재한다. Cao *et al.*(2013)과 Gallego *et al.*(2015)은 중국과 스페인에서 고속철도 건설로 도시의 연결중심성이 개선되었음을 제시하였다. Jiao *et al.*(2017)도 고속철도 서비스 공급을 중국 도시의 네트워크 연결중심성 지표를 이용해 분석하였는데, 특히 인구 300만명 및 GDP 1,000억위안 이상의 도시의 중심성이 증가하였음을 제시하였다. 한편, Zhang *et al.*(2020)은 고속철도 건설이 도시 간의 연결성을 높여 중심도시의 집중 및 의존도를 줄일 수 있고, 새로운 거점도시 형성을 통해 지역 균형발전을 이루는 데 일조한다고 주장하였다. 도시철도 건설로 인해 접근성 또는 중심성이 향상되었다는 다양한 연구 사례도 존재한다. Kim and Song(2015)에 따르면, 도시철도 개발 초기에는 도심 핵심지역의 접근성이 높지만, 점차 주변 지역도 접근성이 개선되는 것으로 나타났다. 이수빈・남진(2021)도 서울 외곽 일부 지역의 중심성 증가에는 도시철도의 신규 개통이 가장 큰 역할을 한 것으로 분석하고 있다. 특히 김지영・전명진(2021)에 따르면, 도시철도 서비스 공급이 고용 중심지의 분산화 및 다핵화를 초래해 메가시티 공간구조의 특징인 다핵 공간구조를 형성하는 데 도움을 준다고 주장하였다. Song *et al.* (2023)은 도시철도 공급이 도시 공간구조에 미치는 영향 분석을 통해, 도시철도 건설로 해당 도시의 공간 연결성은 25%, 전체 접근성은 30.33% 그리고 다중 연결 중심성은 7.82%가 증가하였다고 제시하였다.

본 절에서는 메가시티 권역 내 추진 가능한 대규모 교통투자사업이며 시군구의 중심성 지수 변화에 가장 큰 영향을 미칠 수 있다고 판단되는 철도서비스 공급이 시군구의 중심성에 미치는 영향과 지속성을 파악하여 메가시티 권역 내 중심 및 거점 도시 육성을 위한 교통 공급 정책 방향을 제시한다. 뿐만 아니라 시군구의 중심성과 시군구의 주민 및 통행 특성, 공간구조 그리고 경제적 특성과의 관계를 밝혀 중심 및 거점 도시 구축을 위한 정책적 함의를 이끌어 낸다.

이를 위해 철도서비스 공급이 시작되기 5년 전[14]을 기준으로 그 이전과 이후, 철도서비스 공급이 시작된 시군구와 그렇지 않은 시군구의 철도서비스 공급이 중심성에 미치는 영향과 지속성을 분석한다. 한편, 본 연구에서의 철도서비스는 도시철도, 광역철도 그리고 일반 및 고속 철도에 의해 제공되는 서비스를 의미한다.

1. 모형 구축

가. 분석모형

철도서비스가 공급된 시군구(처리집단)와 그렇지 않은 시군구(통제 또는 비교 집단) 간의 중심성에 미친 효과 추정 비교분석을 위해 이중차분(Difference in Difference: DID)[15]모형을 구축한다. 특히 철도서비스 공급 시점이 모든 시군구에서 동일하지 않음을 고려하기 위해 본 연구에서는 최초 철도서비스 공급이 시작된 시군구의 연도와 분석 기준연도 간의 차이를 의미하는 상대시간(relative time) 더미를 모형에 포함하고, 철도서비스 공급 시점에 따라 철도서비스 공급이 중심성에 미치는 영향과 지속성을 분석할 수 있는 이중차분모형을 구축한다. 또한 철도서비스 공급의 효과를 타당하게 보여주기 위해서 처리집단과 통제집단 간의 구분이 외생적으로 이뤄져야 한다는 가정을 토대로 중심성 지수에 영향을 미치는 통제변수를 모형에 포함한다.

철도서비스 공급 시점이 처리집단 내 시군구에서 동일하지 않음을 고려

---

14 철도서비스 공급자료는 인구총조사 자료를 이용하여 2000년부터 2020년까지 5년 단위로 구축되었다. 철도서비스 공급 당해 연도의 효과를 보기 위해 공급 5년 전을 기준으로 분석하였다.

15 이중차분법(DID)은 정책 실시 이전·이후와 함께 실험 통제 사전·사후를 비교하는 분석방법으로서 “두 집단”에 대한 자료를 이용해 정책의 효과성을 추정하는 분석기법이다(윤미례·김태일, 2017). 본 연구에서는 철도서비스 공급이 이루어진 시군구와 철도서비스 공급이 없는 시군구가 철도서비스 공급 이전에는 중심성 지수 변화량이 평행한 추세였음(parallel trend)을 가정한다.

하기 위한 이중차분 모형식을 제시하면 다음과 같다(Sun and Abraham, 2021).

$$Y_{c,t} = \alpha_c + \beta_t + \sum_l \mu_l I(t - E_c = l) + \gamma X_{c,t} + \epsilon_{c,t} \quad (3)$$

- $Y_{c,t}$는 종속변수로서 t년도(2000, 2005, 2010, 2015, 2020) 시군구 c의 유입 연결중심성 지수 또는 유출 연결중심성 지수를 의미한다.
- α_c는 시군구 c의 고정효과(fixed effects)이며 β_t는 t연도의 고정효과(fixed effects)로 $t \in \{2000, 2005, 2010, 2015, 2020\}$이다.
- E_c는 시군구 c의 최초 철도서비스 공급 연도로 $E_c \in \{2000, 2005, 2010, 2015, 2020\}$이다.
- l은 최초 철도서비스 공급이 시작된 연도와 분석 기준연도(여기서는 철도서비스 공급 시작 5년 전)와의 차이를 의미하는 상대시간(relative time) 독립변수로 $l = t - E_c$이다.
- $X_{c,t}$는 통제변수들의 벡터를 의미한다.
- γ는 이러한 통제변수의 파라미터 추정치를 나타내며 $\epsilon_{c,t}$는 오차항을 의미한다.

한편, 철도서비스 공급에 대한 중심성 지수의 변화와 지속성에 대한 영향은 기존에 도시 및 광역 철도 서비스가 존재했던 특·광역시 및 수도권 지역과 그렇지 않은 비수도권 지역 간 상이할 수 있을 것으로 판단되어 전국, 수도권과 지방광역시, 지방광역시를 제외한 비수도권 시군구로 별도 이중차분법 모형식을 구축하여 분석하였다.

나. 시차 및 통제 변수

시차변수는 최초 철도서비스 공급이 시작된 시군구의 연도와 분석 기준연도와의 차이를 의미하는 더미변수들이다.

본 연구에서는 철도서비스 공급 연도(year = 0)부터 이에 따른 효과를 살펴보기 위해, 철도서비스 공급 직전 연도(year = -5)를 분석 기준연도로 설정한 후, 이와 상대적 차이인 year = −20, year = -15, year = -10, year = 0, year = 5, year = 10, year = 15 등 총 7개의 다른 그룹으로 이루어진 더미변수들을 시차변수(T)로 설정하였다.

통제변수는 철도서비스 공급 이외에 중심성 지수에 영향을 미칠 수 있을 것으로 예상되는 각 시군구의 통근통행 변수, 경제적 특성 변수, 주민 특성에 대한 변수 그리고 공간구조 변수로 구성하였다. <표 3-5>는 시차 및 통제 변수들을 보여주고 있다.

통제변수 중 시군구의 통행특성 통제변수(M)에는 통근 시 이용 교통수단과 통행시간을 포함하였다. 철도서비스 공급 연도 관련 시차 더미변수가 포함되는 점을 감안하여 철도 통근시간은 제외하였고, 승용차 및 버스의 통행시간 및 분담률을 통행특성 통제변수로 포함하였다.

시군구의 주민 및 주민 특성에 대한 통제변수(I)는 인구수, 여성 통근자 비율, 연령대 비율, 직업 유형별 비율이다. 직업 유형은 대분류 코드를 이용하였다. 즉, 전문・관리직・사무직은 관리자, 전문가 및 관련 종사자 그리고 사무종사자를 포함하며, 서비스・판매직은 서비스 및 판매 종사자를, 생산・단순 노무직은 농림어업 숙련 종사자, 기능원 및 관련 기능 종사자, 장치기계 조작 및 조립종사자 그리고 단순노무 종사자를 포함한다. 군인 직업은 제외하였다.

경제적 특성 통제변수(E)에는 시군구의 사업체 수 및 총종사자 수가 포함되었다. 그러나 자영업자 또는 자영업자와 무급가족 종사자로만 구성된 사업체 및 공무원 재직기관은 사업체 수 산정에서 제외하였다. 총종사자 수는 자영업자, 상용근로자, 임시일용근로자, 무급가족 및 기타 종사자를 포함한 종사자 수를 의미한다.

시군구의 공간구조 특성(S) 통제변수는 직주 비율이다. 주거지역 대비 직장지역의 일치 비율로, 통근 시 주거하는 곳의 시군구와 도착하는 곳의 시군구가 일치하면 직주가 일치하는 것으로 판단하였다.

연도별 중심성 통제변수의 기술적 통계인 평균 및 표준편차는 <표 3-6>과 같다. 수도권 및 비수도권의 연도별 자료는 <부표 6-2> ~ <부표 6-5>에 제시하였다.

<표 3-5> 시차 및 통제 변수

<table>
<tr><th>변수 유형</th><th colspan="2">변수명</th><th>비고</th></tr>
<tr><td rowspan="7">시차변수(T)</td><td rowspan="7">철도서비스 공급 연도 더미 변수</td><td>year = -20</td><td rowspan="7">철도서비스 공급 직전 연도인 year = -5를 기준으로 함.</td></tr>
<tr><td>year = -15</td></tr>
<tr><td>year = -10</td></tr>
<tr><td>year = 0</td></tr>
<tr><td>year = 5</td></tr>
<tr><td>year = 10</td></tr>
<tr><td>year = 15</td></tr>
<tr><td rowspan="2">경제적 특성 변수(E)</td><td colspan="2">사업체 수*</td><td>자영업자 또는 자영업자+무급가족 종사자로만 구성된 사업체 및 공무원 재직기관은 제외함.</td></tr>
<tr><td colspan="2">총종사자 수*</td><td>총종사자 수 = 자영업자 + 상용근로자 + 임시일용근로자 + 무급가족 및 기타종사자</td></tr>
<tr><td>공간구조 변수(S)</td><td colspan="2">직주 비율</td><td>주거지 시군구 대비 직장 시군구 일치 비율</td></tr>
<tr><td rowspan="4">통근통행 특성 변수(M)</td><td rowspan="2">통근시간</td><td>승용차 평균 통행시간</td><td>승용차 평균 통근통행 시간</td></tr>
<tr><td>버스 평균 통행시간</td><td>버스 평균 통근통행 시간</td></tr>
<tr><td rowspan="2">이용 교통수단(도보 · 자전거는 제외)</td><td>승용차 분담률</td><td>통근통행 중 승용차 분담률</td></tr>
<tr><td>버스 분담률</td><td>통근통행 중 버스 분담률</td></tr>
<tr><td rowspan="8">주민 및 주민 특성 변수(I)</td><td colspan="2">인구</td><td>인구</td></tr>
<tr><td colspan="2">여성 통근 비율</td><td rowspan="4">통근통행자 중 해당 비율 (10대 비율은 제외)</td></tr>
<tr><td rowspan="3">연령</td><td>20~30대 비율</td></tr>
<tr><td>40~50대 비율</td></tr>
<tr><td>60대 이상 비율</td></tr>
<tr><td rowspan="3">직업</td><td>전문 · 관리직 · 사무직 비율(A)</td><td rowspan="3">통근통행자 중 해당 직업 비율. 직업 유형은 대분류 코드를 이용하여 분류. 군인 등 기타 직업 비율은 제외</td></tr>
<tr><td>서비스 · 판매직 비율(B)</td></tr>
<tr><td>생산 · 단순노무직 비율(C)</td></tr>
</table>

자료: * 표시의 출처는 시군구별, 산업별, 규모별 사업체 수 및 종사자 수(KOSIS)임.

<표 3-6> 통제변수의 평균 및 표준편차: 전국

(단위: 개, 명, %, 분)

변수	2000년	2005년	2010년	2015년	2020년
사업체 수	5620.55 (6053.31)	6085.85 (6432.92)	6658.55 (6885.02)	8275.00 (8708.74)	8167.81 (8463.52)
총종사자 수	45403.48 (56378.49)	51084.99 (62937.03)	61024.35 (75585.22)	74343.40 (89113.87)	75479.01 (89594.16)
직주 비율	76.82 (21.59)	72.47 (25.72)	74.66 (22.08)	73.86 (22.33)	75.25 (18.85)
승용차 평균시간	25.26 (7.71)	24.60 (7.65)	24.86 (7.71)	29.14 (9.80)	25.60 (8.00)
버스 평균시간	30.89 (6.08)	29.57 (6.86)	29.04 (6.61)	36.69 (7.54)	30.88 (5.20)
승용차 분담률	0.31 (0.12)	0.34 (0.13)	0.38 (0.12)	0.40 (0.12)	0.49 (0.13)
버스 분담률	0.17 (0.10)	0.14 (0.09)	0.15 (0.09)	0.12 (0.07)	0.12 (0.06)
인구	201850.19 (187376.29)	206506.62 (199685.92)	210762.78 (206874.53)	224083.34 (218359.66)	227176.43 (224288.29)
성별남	0.61 (0.05)	0.59 (0.06)	0.56 (0.04)	0.57 (0.04)	0.57 (0.03)
성별여	0.39 (0.05)	0.41 (0.06)	0.44 (0.04)	0.43 (0.04)	0.43 (0.03)
연령2030	0.44 (0.13)	0.38 (0.15)	0.33 (0.13)	0.29 (0.11)	0.29 (0.10)
연령4050	0.39 (0.04)	0.42 (0.05)	0.46 (0.05)	0.47 (0.05)	0.46 (0.05)
연령60	0.16 (0.13)	0.19 (0.16)	0.21 (0.15)	0.24 (0.15)	0.25 (0.13)
직업A	0.83 (0.06)	0.81 (0.07)	0.28 (0.14)	0.29 (0.14)	0.33 (0.13)
직업B	0.10 (0.04)	0.11 (0.04)	0.19 (0.07)	0.19 (0.06)	0.21 (0.05)
직업C	0.07 (0.04)	0.07 (0.05)	0.52 (0.19)	0.51 (0.19)	0.45 (0.16)

주: ( )는 표준편차를 의미함.

2. 분석 결과[16]

가. 유입 연결중심성

유입 연결중심성에 대한 철도서비스 공급 효과를 이중차분모형을 통해 분석하기에 앞서 철도서비스 공급의 평균처치효과를 전국, 비수도권, 수

16 통제변수 적용 전 이중차분모형 분석 결과와 전국, 수도권 및 비수도권 지역으로 구분하여 추정한 결과는 지면 관계상 부록 6에 제시하였다.

도권 지역으로 구분하여 살펴보았다.

전국 및 지방광역시를 포함하는 수도권 지역의 경우 철도서비스 공급이 유입 연결중심성 지수에 유의한 영향을 미치지 못하는 것으로 분석되었으나, 지방광역시를 제외한 비수도권 시군구의 경우 1% 유의수준하에서 유입 연결중심성 지수 증가에 대한 양의 효과를 보여주고 있다. 비수도권 시군구에 철도서비스가 공급되면 해당 시군구와 통근 네트워크로 연결되어 있는 시군구로부터 유입 통근통행량이 증가하는 것으로 분석되었다.

철도서비스 공급의 효과가 존재하는 비수도권 지역의 경우 총종사자 수 및 통근 연령대 비율이 증가하면서 해당 시군구의 유입 연결중심성 지수가 증가하고 있는 것으로 분석되었다. 반면, 버스를 이용한 통근시간이 증가할수록 유입 연결중심성 지수는 낮아지는 것으로 분석되어 철도 및 버스 등 대중교통 서비스 제고는 시군구 유입 연결중심성 증가에 영향을 미치는 것으로 분석되었다.

본 연구에서는 철도서비스 공급 연도(year = 0)부터 이후 철도서비스 공급에 따른 중심성 시차 효과를 살펴보기 위해, 철도서비스 공급 5년 전을 분석 기준연도로 설정하였다. 철도서비스 공급 평균처치효과(ATT)가 유의하게 양의 효과를 미쳤던 지방광역시를 제외한 비수도권 지역을 중심으로 분석한 철도서비스 공급 효과에 대한 이중차분모형 결과는 다음과 같다.

지방광역시를 제외한 비수도권 지역의 경우 철도서비스 공급 연도부터 지속적으로 유입중심성 지수에 유의하게 양의 효과가 나타나고 있는 것으로 분석되어, 철도서비스 공급은 해당 시군구의 유입 연결중심성을 지속적으로 증가시키는 것으로 분석되었다.

총종사자 수 및 통근 연령대 비율이 증가하면서 유입 연결중심성 지수가 증가하고, 버스를 포함한 대중교통 서비스 수준이 높을수록(평균 통행시간이 줄어들수록) 시군구 유입 연결중심성 지수를 높이는 것으로 분석되었다. 경제 중심 및 거점 도시로 이루어진 다핵 공간구조의 메가시티를 효율적으로 구축하기 위해서는 통근통행이 연계된 커뮤니티 내에서

<표 3-7> 철도서비스 공급 평균처치효과(ATT) 분석 결과 - 유입 연결중심성 (전국, 비수도권, 수도권 + 지방광역시)

	전국	비수도권 (지방광역시 제외)	수도권 (지방광역시 포함)
종속변수	유입 연결중심성 지수 (Stength(in))	유입 연결중심성 지수 (Stength(in))	유입 연결중심성 지수 (Stength(in))
ATT	0.0137 (0.0211)	0.0413*** (0.0107)	-0.0569 (0.0435)
통제변수			
사업체 수	0.2563 (0.5423)	0.0061 (0.1607)	0.4405 (0.6509)
총종사자 수	1.273*** (0.2023)	0.5167*** (0.1530)	1.203*** (0.2631)
직주 비율	-0.0604 (0.2561)	0.1148 (0.2105)	-0.4710 (0.3197)
승용차 평균시간	0.0372*** (0.0056)	0.0041. (0.0021)	0.0146 (0.0098)
버스 평균시간	-0.0045. (0.0024)	-0.0041*** (0.0010)	0.0121 (0.0086)
승용차 분담률	-0.5993** (0.2199)	0.1333 (0.0933)	-0.5919 (0.3896)
버스 분담률	-0.3332 (0.2525)	-0.0304 (0.1753)	-0.0051 (0.4322)
pop	-0.4658 (0.2961)	-0.0733 (0.1036)	-0.5773. (0.3327)
성별여	0.8667. (0.4553)	-0.0936 (0.2039)	-0.6566 (1.058)
연령2030	1.547. (0.9256)	1.493* (0.7247)	0.0180 (1.648)
연령4050	1.461. (0.8225)	1.733* (0.6971)	-0.6848 (1.805)
연령60	1.029 (0.8894)	1.575* (0.6615)	-1.406 (1.547)
직업A	-0.3341 (0.2746)	-0.0662 (0.1310)	1.305 (1.265)
직업B	-0.6001* (0.2609)	-0.1611 (0.1201)	1.160 (1.412)
직업C	0.0445 (0.2400)	0.0261 (0.0975)	1.300 (1.123)
고정효과			
시군구	Yes	Yes	Yes
연도	Yes	Yes	Yes
관측 시군구 수	1,124	595	529
R2	0.95841	0.95072	0.95896

주: 1) *는 10%, **는 5%, ***는 1% 유의수준을 의미함.
2) ATT(Average Treatment effect on Treatment): 평균처치효과.

철도서비스 공급이 중요한 역할을 할 수 있다고 판단된다.

한편, 2000년 이전에도 철도서비스가 존재했던 수도권 및 지방광역시의 경우 철도서비스 공급의 시차변수가 음의 부호를 보여주고 있다. 수도권 및 지방광역시에서의 철도서비스 공급이 철도서비스가 없었던 지역 내 시군구로 점진적으로 확장되며 이루어졌기 때문인 것으로 판단된다.

<표 3-8> 철도서비스 공급 효과에 대한 DID 분석 결과 - 유입 연결중심성 (전국, 비수도권 및 수도권+광역시)

	전국	비수도권 (지방광역시 제외)	수도권 (지방광역시 포함)
종속변수	유입 연결중심성 지수 (Stength(in))	유입 연결중심성 지수 (Stength(in))	유입 연결중심성 지수 (Stength(in))
시차변수			
year = -20	-0.0520 (0.0639)	-0.0029 (0.0109)	-0.2048 (0.1991)
year = -15	-0.0580. (0.0335)	-0.0066 (0.0111)	-0.1964** (0.0618)
year = -10	-0.0249 (0.0170)	-0.0056 (0.0072)	-0.1354* (0.0590)
year = 0	0.0218 (0.0143)	0.0253** (0.0077)	-0.0097 (0.0325)
year = 5	0.0274 (0.0220)	0.0309** (0.0117)	-0.0333 (0.0463)
year = 10	-0.0092 (0.0384)	0.0468** (0.0179)	-0.1346 (0.0844)
year = 15	0.0039 (0.0532)	0.1114** (0.0397)	-0.0980 (0.0997)
통제변수			
사업체 수	0.2563 (0.5423)	0.0061 (0.1607)	0.4405 (0.6509)
총종사자 수	1.273*** (0.2023)	0.5167*** (0.1530)	1.203*** (0.2631)
직주 비율	-0.0604 (0.2561)	0.1148 (0.2105)	-0.4710 (0.3197)
승용차 평균시간	0.0372*** (0.0056)	0.0041. (0.0021)	0.0146 (0.0098)
버스 평균시간	-0.0045. (0.0024)	-0.0041*** (0.0010)	0.0121 (0.0086)
승용차 분담률	-0.5993** (0.2199)	0.1333 (0.0933)	-0.5919 (0.3896)
버스 분담률	-0.3332 (0.2525)	-0.0304 (0.1753)	-0.0051 (0.4322)
pop	-0.4658 (0.2961)	-0.0733 (0.1036)	-0.5773. (0.3327)
성별여	0.8667. (0.4553)	-0.0936 (0.2039)	-0.6566 (1.058)
연령2030	1.547. (0.9256)	1.493* (0.7247)	0.0180 (1.648)
연령4050	1.461. (0.8225)	1.733* (0.6971)	-0.6848 (1.805)
연령60	1.029 (0.8894)	1.575* (0.6615)	-1.406 (1.547)
직업A	-0.3341 (0.2746)	-0.0662 (0.1310)	1.305 (1.265)
직업B	-0.6001* (0.2609)	-0.1611 (0.1201)	1.160 (1.412)
직업C	0.0445 (0.2400)	0.0261 (0.0975)	1.300 (1.123)
고정효과			
시군구	Yes	Yes	Yes
연도	Yes	Yes	Yes
관측 시군구 수	1,124	595	529
R2	0.95841	0.95072	0.95896

주: *는 10%, **는 5%, ***는 1% 유의수준을 의미함.

[그림 3-1] 시차에 따른 철도서비스 공급 효과 - 유입 연결중심성
(전국, 비수도권 및 수도권 + 지방광역시)

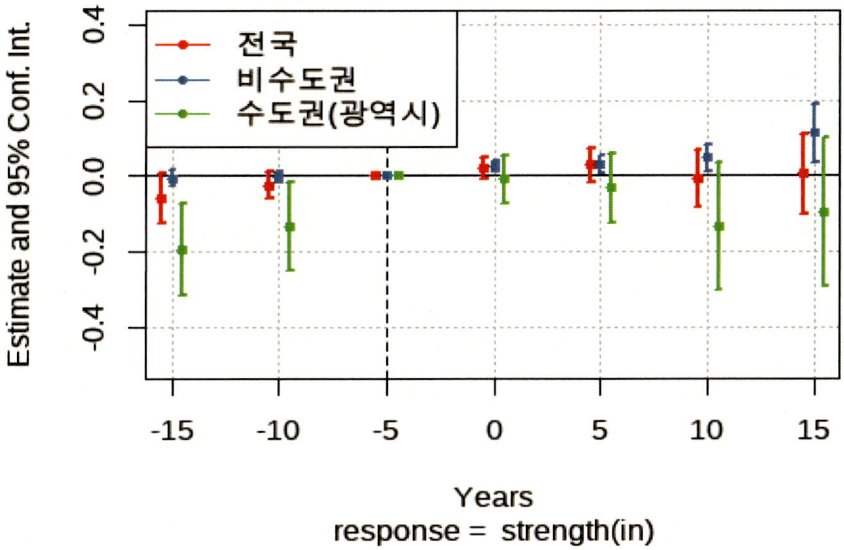

나. 유출 연결중심성

유출 연결중심성은 해당 시군구 주거지에서 직장이 존재하는 다른 시군구로의 통근통행 중심성 정도를 의미한다. 따라서 주거지와 직장 주소지의 일치 비율인 직주 비율이 높을수록 유출 연결중심성 지수는 감소하게 된다.

유출 연결중심성에 대한 철도서비스 공급의 평균처치효과를 분석한 결과, 유입 연결중심성 지수와 달리 유출 연결중심성 지수에 대한 철도서비스 공급의 평균처치효과는 없는 것으로 분석되었다.

철도서비스 공급 효과에 대한 이중차분모형 분석 결과에서도 유출 연결중심성 지수에 대한 철도서비스 공급의 효과는 없는 것으로 판단되었다. 그러나 유입 연결중심성 지수와 달리 주거지역 대비 직장지역의 일치 비율인 직주 비율의 증가는 해당 시군구의 유출 연결중심성 지수를 감소시키는 것으로 분석되었다.

지방광역시를 포함하는 수도권 지역의 경우, 통근통행 시 승용차 이용

분담률이 높을수록 유출 연결중심성 지수를 낮추는 것으로 분석되었다. 즉, 해당 시군구에 직장이 위치하는 경우 통근통행 시 승용차를 이용하는 경우가 상대적으로 많고, 다른 시군구로의 통근통행에는 승용차를 이용하는 경우가 많지 않다는 것이다. 통근자 연령대 비율이 증가하면 해당

<표 3-9> 철도서비스 공급 평균처치효과(ATT) 분석 결과 - 유출 연결중심성 (전국, 비수도권 및 수도권 + 지방광역시)

	전국	비수도권 (지방광역시 제외)	수도권 (지방광역시 포함)
종속변수	유출 연결중심성 지수 (Stength(out))	유출 연결중심성 지수 (Stength(out))	유출 연결중심성 지수 (Stength(out))
ATT	-0.0257 (0.0272)	0.0037 (0.0133)	-0.0941 (0.0719)
통제변수			
사업체 수	0.4168* (0.1978)	0.9374*** (0.2439)	0.3433 (0.2169)
총종사자 수	0.2852 (0.2635)	0.0334 (0.2158)	0.3053 (0.2966)
직주 비율	-0.9556*** (0.2250)	-0.8473*** (0.2063)	-1.419*** (0.2703)
승용차 평균시간	0.0397*** (0.0062)	-0.0017 (0.0021)	0.0211 (0.0140)
버스 평균시간	-0.0119*** (0.0032)	-0.0026* (0.0011)	-0.0064 (0.0098)
승용차 분담률	-1.964*** (0.3101)	-0.2587. (0.1364)	-2.389*** (0.5803)
버스 분담률	-0.2945 (0.2994)	0.1275 (0.1975)	-0.3564 (0.6658)
pop	0.2427 (0.2090)	-0.2231 (0.2186)	0.3095 (0.2150)
성별여	1.420* (0.5472)	0.6100* (0.2762)	1.272 (1.003)
연령2030	3.128* (1.550)	-0.3539 (0.7849)	5.228** (1.630)
연령4050	3.478* (1.449)	0.0541 (0.7851)	5.692** (1.790)
연령60	3.020* (1.425)	-0.3738 (0.6882)	6.475*** (1.514)
직업A	-0.0780 (0.3500)	-0.4570. (0.2371)	-0.4010 (1.109)
직업B	-0.0553 (0.3537)	-0.4015. (0.2390)	-0.0650 (1.280)
직업C	0.1904 (0.2899)	-0.2831 (0.2037)	-0.4187 (1.167)
고정효과			
시군구	Yes	Yes	Yes
연도	Yes	Yes	Yes
관측 시군구 수	1,124	595	529
R2	0.94505	0.94713	0.93127

주: 1) *는 10%, **는 5%, ***는 1% 유의수준을 의미함.
2) ATT(Average Treatment effect on Treatment): 평균처치효과.

<표 3-10> 철도서비스 공급 효과에 대한 DID 분석 결과 - 유출 연결중심성 (전국, 비수도권 및 수도권+광역시)

	전국	비수도권 (지방광역시 제외)	수도권 (지방광역시 포함)
종속변수	유출 연결중심성 지수 (Stength(out))	유출 연결중심성 지수 (Stength(out))	유출 연결중심성 지수 (Stength(out))
철도 공급 시차변수			
year = -20	0.1053* (0.0517)	0.0452 (0.0290)	0.0539 (0.1494)
year = -15	-0.0135 (0.0407)	0.0266 (0.0165)	-0.2993* (0.1205)
year = -10	0.0052 (0.0262)	-0.0032 (0.0099)	-0.1063 (0.0805)
year = 0	0.0183 (0.0207)	0.0110 (0.0091)	-0.0609 (0.0462)
year = 5	-0.0407 (0.0265)	0.0080 (0.0155)	-0.1076 (0.0670)
year = 10	-0.0672 (0.0537)	-0.0023 (0.0213)	-0.1354 (0.1554)
year = 15	-0.0338 (0.0623)	-0.0184 (0.0422)	-0.0782 (0.1263)
통제변수			
사업체 수	0.4168* (0.1978)	0.9374*** (0.2439)	0.3433 (0.2169)
총종사자 수	0.2852 (0.2635)	0.0334 (0.2158)	0.3053 (0.2966)
직주 비율	-0.9556*** (0.2250)	-0.8473*** (0.2063)	-1.419*** (0.2703)
승용차 평균시간	0.0397*** (0.0062)	-0.0017 (0.0021)	0.0211 (0.0140)
버스 평균시간	-0.0119*** (0.0032)	-0.0026* (0.0011)	-0.0064 (0.0098)
승용차 분담률	-1.964*** (0.3101)	-0.2587. (0.1364)	-2.389*** (0.5803)
버스 분담률	-0.2945 (0.2994)	0.1275 (0.1975)	-0.3564 (0.6658)
pop	0.2427 (0.2090)	-0.2231 (0.2186)	0.3095 (0.2150)
성별여	1.420* (0.5472)	0.6100* (0.2762)	1.272 (1.003)
연령2030	3.128* (1.550)	-0.3539 (0.7849)	5.228** (1.630)
연령4050	3.478* (1.449)	0.0541 (0.7851)	5.692** (1.790)
연령60	3.020* (1.425)	-0.3738 (0.6882)	6.475*** (1.514)
직업A	-0.0780 (0.3500)	-0.4570. (0.2371)	-0.4010 (1.109)
직업B	-0.0553 (0.3537)	-0.4015. (0.2390)	-0.0650 (1.280)
직업C	0.1904 (0.2899)	-0.2831 (0.2037)	-0.4187 (1.167)
고정효과			
시군구	Yes	Yes	Yes
연도	Yes	Yes	Yes
관측 시군구 수	1,124	595	529
R2	0.94505	0.94713	0.93127

주: 1) *는 10%, **는 5%, ***는 1% 유의수준을 의미함.
2) ATT(Average Treatment effect on Treatment): 평균처치효과.

[그림 3-2] 시차에 따른 철도서비스 공급 효과 - 유출 연결중심성
(전국, 비수도권 및 수도권 + 지방광역시)

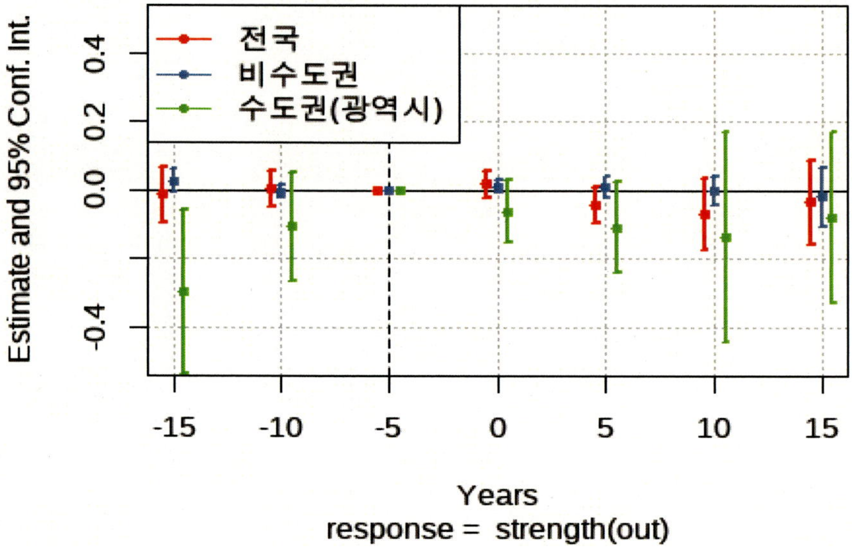

시군구의 유출 연결중심성 지수가 증가하고 있는 것으로 분석되었다. 모든 통근 연령대 비율이 양의 효과를 보여주고 있는 것은 통근자와 관련된 효과로 판단된다.

한편, 지방광역시를 제외한 비수도권 지역의 경우, 사업체 수 및 버스의 평균시간이 증가할수록 유출 연결중심성 지수는 감소하는 것으로 분석되었다. 즉, 버스 교통수단의 서비스 수준이 낮은 경우 다른 시군구로 통근통행을 내보내는 영향력이 감소했다는 것이다. 반면, 비수도권 지역의 경우 여성 통근 비율이 높을수록 유출 연결중심성 지수가 증가하는 것으로 분석되었다. 비수도권 지역에 거주하는 여성 통근자의 경우 수도권 지역과 달리 직장의 위치가 거주지와는 다른 시군구에 분포되어 있을 가능성이 높음을 알 수 있다.

제4장

메가시티 구축을 위한 교통정책

메가시티 구축을 위한 교통정책은 권역 내 중심성의 변화를 효율적이고 합리적인 방향으로 유도하고 관리하는 데서 비롯된다. 중심도시와 거점도시 등 다핵 공간구조를 지원할 수 있는 장기적인 발전 방향을 제시하고 이를 위한 구체적인 교통정책 수단을 구체화하고 관리해야 한다.

이를 위해 본 연구에서는 사전에 선정한 단일 대도시로부터 영향을 받는 주변 시군구를 임의적인 기준하에서 파악하는 접근방법에서 벗어나, 전국 시군구 간 통근통행이 연계되어 있으며 특정 경계가 존재하는 메가시티 권역을 커뮤니티 발견법을 통해 제시하였다. 다음으로 메가시티 권역과 권역별 중심 및 거점 도시를 식별하여 메가시티 공간구조의 특징인 다핵 공간구조를 구축할 수 있는 체계를 제공하였다. 특히 메가시티 구축을 위한 교통사업 중 추진 가능한 대규모 교통사업이며 시군구의 중심성 변화에 가장 큰 영향을 미칠 수 있다고 판단되는 철도서비스 공급이 중심성에 미치는 영향과 지속성을 파악하여 메가시티 구축을 위한 교통시설 공급방안을 제시하였다.

제1절 메가시티 권역 설정

전국 시군구를 대상으로 한 메가시티 커뮤니티 분석 결과, 2020년 기준 15개의 메가시티 권역이 발견되었다.

메가시티 구축을 위한 교통사업은 현재 대광법에 의한 대도시권 사업으로 추진될 가능성이 높다. 이를 감안하여 인구 100만명 이상인 메가시티 권역을 대상으로 2024년 기준 대광법에서 정의된 대도시권과 비교한 결과, 대광법의 부산・울산권은 부산・경남1권(B)과 울산・포항・경주권(I)으로 분할・확장할 필요가 있을 것으로 판단되었다. 한편, 대구권의 창녕군은 부산・경남권(B)으로 이동이 필요하며, 김천시가 새로이 대구・경북1권(C)에 포함되어야 할 것으로 판단되었다.

광주권의 경우 대광법에서 제시된 시군구 이외에 영암, 무안, 목포, 곡성, 해남, 영광, 강진, 장흥, 완도, 진도군이 추가적으로 포함될 수 있을 것으로 분석되었다. 그러나 2005년 및 2015년의 경우 강진, 목포, 무안, 영암, 완도, 장흥, 진도, 해남은 광주권과는 다른 전남3권(F)에 포함되었다가 2010년 및 2020년에 다시 광주, 나주, 목포 등과 함께 광주・전남1권(E)에 포함되는 등 광주권 커뮤니티는 다소 안정성이 미흡한 것으로 분석되었다. 한편, 대전권의 경우 부여, 영동(충북), 무주군(전북)이 추가적으로 포함되어야 한다.

추가적으로 인구 규모와 메가시티 권역에 속한 시군구 수를 고려할 때 전주, 완주, 익산, 김제, 군산, 정읍, 서천(충남), 남원, 부안, 임실, 고창, 진안, 순창, 장수를 포함하는 전북1권[17]이 광역시를 포함하지 않은 대도시권으로서 분류될 수 있을 것으로 판단되었다. 충남2권, 충북2권, 경남2권, 강원・충북3권도 생활 및 경제활동이 기능적으로 연계되어 있으며 인구 규모가 100만명 이상인 메가시티 권역으로 분석되었다.[18]

---

17 전북1권의 인구 규모는 2020년 기준 1,831천명이며, 포함된 시군구 수는 14개이다.

18 2020년 기준 충남2권, 충북2권, 경남2권, 강원・충북3권의 인구 규모는 각각 1,738.7천명, 1,373.8천명, 1,144천명, 1,081천명이며 포함된 시군구 수는 각각 9개, 7개, 11개, 11개이다.

<표 4-1> 메가시티 구축을 위한 권역 설정

권역	대도시권(대광법)(2024)	메가시티 권역
수도권	서울특별시, 인천광역시 및 경기도	수도권(A): 서울특별시, 인천광역시 및 경기도
부산·울산권	부산광역시, 울산광역시, 경상남도 양산시·김해시·창원시, **거제시*·밀양시*, 경상북도 경주시***	부산·경남 1권(B): 부산, 김해, 창원, 양산, **<u>함안, 밀양, 창녕, 의령</u>**
		울산·포항·경주권(I): 울산, **<u>경주, 포항</u>**
대구권	대구광역시, 경상북도 구미시·경산시·영천시·군위군·청도군·고령군·성주군·칠곡군, **의성군*·청송군***, 경상남도 창녕군	대구·경북 1권(C): 대구, 구미, 경산, 칠곡, 영천, 성주, **<u>김천</u>**, 고령, 청도, 군위
광주권	광주광역시, 전라남도 나주시·담양군·화순군·함평군·장성군	광주·전남 1권(E): 광주, 나주, **<u>영암, 무안, 목포</u>**, 담양, 화순, 장성, **<u>곡성, 해남</u>**, 함평, **<u>영광, 강진, 장흥, 완도, 진도</u>**
대전권	대전광역시, 세종특별자치시, 충청남도 공주시·논산시·계룡시·금산군, 충청북도 청주시·보은군·옥천군	대전·충남 1권(G): 대전, 세종, 논산, 공주, 금산, 옥천(충북) 계룡, **<u>부여, 영동(충북), 무주(전북)</u>**
		충북 2권(H): 청주, **<u>음성, 진천, 충주, 증평, 괴산</u>**, 보은
전북1권	-	전주, 완주, 익산, 김제, 군산, 정읍, 서천(충남), 남원, 부안, 임실, 고창, 진안, 순창, 장수
충남2권	-	당진, 보령, 서산, 예산, 태안, 홍성, 아산, 천안, 청양
충북2권	-	청주, 음성, 진천, 충주, 증평, 괴산, 보은
경남2권	-	사천, 거제, 진주, 고성, 통영, 하동, 산청, 합천, 거창, 남해, 함양
강원·충북3권	-	원주, 정선, 강릉, 삼척, 횡성, 제천(충북), 단양(충북), 평창, 동해, 영월, 태백

주: 1) *는 2024년 기준 대도시 권역에 추가적으로 포함된 도시를 의미함.
2) 대광법 대도시권(2024)과 메가시티 권역 간 일치하지 않는 시군구는 볼드 및 밑줄 표시함.
자료: 대광법 대도시권(2024)은 「대도시권 광역교통관리에 관한 특별법 시행령」 별표1 대도시권의범위[제2조관련]를 기반으로 작성하였으며, 메가시티 권역은 저자가 직접 분석함.

제2절 메가시티 권역별 중심 및 거점 시군구 식별

메가시티 구축은 지역의 성장을 이끌 중심도시의 집적경제 효과를 극대화하고 중심도시로의 집중이 초래할 수 있는 외부효과를 완화할 수 있는 다핵 공간구조를 통해 추진된다. 따라서 메가시티의 교통 계획 및 정책을 수립하기 위해서는 메가시티 권역 내 중심 시군구와 거점 시군구의 파악이 중요하다.

2020년 기준 인구가 100만명 이상인 메가시티 권역 내 중심 및 거점 시군구는 <표 4-2>와 같다. 파악된 중심지와 주변 시군구를 연계하는 교통체계의 구축이 다핵 공간구조를 추구하는 메가시티의 육성을 위해서 중요하다.

메가시티 구축을 위한 철도서비스 공급 정책 방향을 제시하기 위해 철도서비스 공급이 시군구의 중심성에 미치는 영향을 분석한 결과, 지방

<표 4-2> 메가시티 권역별 연결중심성 상위 5개 시군구(2020년)

	유입 연결중심성 지수	유출 연결중심성 지수
수도권(A)	서울 강남, 서울 중구, 서울 서초, 서울 영등포, 경기 화성	경기 성남, 경기 수원, 경기 용인, 경기 고양, 경기 부천
부산·경남1권 (B)	부산 강서, 부산 진, 경남 김해, 부산 해운대, 부산 사상	부산 해운대, 경남 창원, 부산 동래, 부산 연제, 부산 북구
대구·경북1권 (C)	대구 달서, 대구 북구, 대구 중구, 대구 수성, 대구 동구	대구 북구, 대구 달서, 대구 수성, 대구 달성, 대구 동구
광주·전남1권 (E)	광주 광산, 광주 서구, 광주 북구, 광주 동구, 전남 나주	광주 북구, 광주 서구, 광주 남구, 광주 광산, 전남 목포
대전·충남1권 (G)	대전 유성, 대전 서구, 세종, 대전 대덕, 대전 중구	대전 서구, 세종, 대전 유성, 대전 중구, 대전 대덕
울산·포항·경주권(I)	울산 남구, 울산 울주, 울산 북구, 경북 경주, 울산 동구	울산 중구, 울산 남구, 울산 북구, 울산 울주, 울산 동구
전북1권(Q)	전북 전주, 전북 완주, 전북 익산, 전북 김제, 전북 군산	전북 전주, 전북 완주, 전북 익산, 전북 군산, 전북 김제
충남2권(P)	충남 아산, 충남 천안, 충남 당진, 충남 서산, 충남 예산	충남 천안, 충남 아산, 충남 홍성, 충남 당진, 충남 서산
충북2권(H)	충북 청주, 충북 음성, 충북 진천, 충북 충주, 충북 증평	충북 청주, 충북 진천, 충북 음성, 충북 증평, 충북 충주
경남2권(S)	경남 사천, 경남 거제, 경남 진주, 경남 고성, 경남 통영	경남 진주, 경남 사천, 경남 통영, 경남 거제, 경남 고성
강원·충북3권 (K)	강원 원주, 강원 정선, 강원 강릉, 강원 삼척, 강원 횡성	강원 원주, 충북 제천, 강원 태백, 강원 동해, 강원 강릉

주: 1) 앞서 제시된 도시가 중심성 지수가 높은 도시를 의미함.
2) *는 2024년 기준 대도시권역에 추가적으로 포함된 도시를 의미함.

광역시를 제외한 비수도권 지역의 경우 철도서비스 공급 연도부터 지속적으로 유입중심성 지수에 유의한 양의 영향을 미치고 있는 것으로 분석되었다. 즉, 다핵 공간구조의 메가시티를 효율적으로 구축하기 위해서는 통근통행이 연계된 네트워크에 철도서비스 공급이 매우 중요한 역할을 할 수 있다고 판단되었다. 한편, 유출 연결중심성 지수에 대한 철도서비스 공급의 효과는 없는 것으로 판단되었다.

제3절 메가시티 구축을 위한 교통시설 공급방안

메가시티 구축을 위한 교통시설 공급을 위해서는 먼저 광역교통의 개념[19]을 '대도시권 내에서 둘 이상의 시도 간 통행'에서 '생활 및 경제권이 연계되어 있는 다른 시군구 간 통행'으로 확대할 필요가 있다. 기존 특·광역시 등 단일 중심도시로의 시도 간 통행에서 생활 및 경제권이 연계되어 있는 시군구들 간의 통행으로의 확대를 통해 메가시티 구축을 위한 교통시설 공급의 법적 근거를 마련할 수 있다. 또한 사회·경제적 여건 변화에 유연하게 대응할 수 있도록 대광법의 개정을 통해 현재 시행령에 규정하고 있는 대도시권의 범위를 지침 등 보다 하위단계에서 정책적으로 설정하는 방안도 검토가 필요하다.

메가시티 구축을 위한 교통사업의 재원조달 방안도 고려해야 한다. 현재 대도시권 교통시설 사업의 경우 재원조달은 중앙정부와 지자체 그리고 일부 광역교통시행계획이 수립·고시된 대도시권에서 대규모 개발사업을 시행하는 자가 담당하고 있다.[20] 그러나 쪼개기 개발 등 광역교통개

19 대광법상에 '광역교통'에 대한 정확한 법적 정의는 제시되어 있지 않지만, '광역교통시설'에 대한 정의를 참고하면, "대도시권 내 둘 이상의 시도 간 통행"으로 판단할 수 있다.

20 광역교통시설 부담금이란 광역교통시행계획이 수립·고시된 대도시권에서 대규모 개발사업을 시행하는 자가 광역교통시설 등의 건설 및 개량, 광역버스운송사업에 대한 지원 등을 위하여 납부하는 것으로, 징수된 부담금의 40%는 「지방자치분권 및 지역균형발전에 관한 특별법」에 따른 지역균형발전특별회계 중 지역지원계정에 귀속하고, 나머지 60%는 부담금을 징수한 시·도에 설치된 지방광역교통시설 특별회계에 귀속한다.

선대책 수립을 회피하거나 광역교통시설 부담금 지불 금액을 줄이기 위한 편법이 늘고 있다.[21] 따라서 현재 광역교통개선대책 수립 대상 범위와 교통시설 부담금 부과 대상을 확대하는 등의 원인행위자 부담원칙을 보다 강화하여 메가시티 교통사업 건설을 위한 재원조달 방안을 강구해야 할 것으로 보인다.

철도 건설에 따른 재원 마련과 역세권 개발에 대한 이익 환수를 위해, 철도 역세권 개발사업과 건설사업의 통합 사업 모델을 발굴할 필요가 있다. 이를 위해서는 역세권 개발구역의 지정 및 범위 기준을 구체화해야 한다. 또한 역세권 개발구역 지정절차가 도시계획위원회 심의를 거친 후에야 구역 지정이 되어 다양한 사업 분야의 투자가 제한되고, 철도 역세권의 통합적 개발 및 단계별 사업시행 체계가 미비한 한계(이선우 외, 2012; 서민호 외, 2019) 등을 개선할 필요가 있다.

다핵 공간구조의 메가시티를 효율적으로 구축하기 위해서는 철도와 다른 교통시설 간 연계 교통체계 계획을 수립해야 한다. 메가시티 발전계획과 정합성을 이루도록 계획을 수립하고, 이를 위한 제도적·법적 근거를 마련하여 추진할 필요가 있다. 특히 연계 교통계획의 수립 주체 및 재원 분담 등에 대해서도 규정할 필요가 있다.

메가시티 구축을 위한 교통사업 추진의 통합 거버넌스 구축도 필요하다. 현재 대도시권 광역교통사업은 중앙부처가 담당하며, 지역균형발전을 위한 대안으로 추진하고 있는 초광역권의 경우 해당 지역이 메가시티 구축을 주도하고 있다. 메가시티 구축의 목적이 해당 지역과 중앙부처 간 상이할 수 있고, 이에 따라 메가시티 구축의 실효성에 의문이 제기되기도 한다. 따라서 메가시티 구축을 위한 교통사업에 대해 공동의 목표를 설정하고, 이에 대한 권한과 업무의 일원화를 실현할 수 있는 유연한 거버넌스가 필요하다. 예를 들어 지방정부와 중앙부처를 대표하는 (가칭)

---

21 광역교통개선대책 수립 대상을 확대하기 위해 2020년 6월 16일에 광역교통개선대책을 수립해야 하는 대규모 개발사업의 면적 기준을 종전의 100만제곱미터 이상에서 50만제곱미터 이상으로, 수용 인구 기준을 종전의 2만명 이상에서 1만명 이상으로 각각 조정하는 광역교통법 시행령이 개정되었다.

메가시티 구축 추진단을 설치하여 지방 정부 및 부처별로 추진 중인 메가시티 구축을 위한 교통정책 사업을 조율하고 정책의 실효성을 높이는 방안이 필요하다. 또한 메가시티 교통사업의 선정 이후 사업 추진 경과 및 성과에 대한 모니터링과 평가 시스템이 필요하다.

참고문헌

김지영 · 전명진, 「수도권 전철 확장이 교외 지역 고용중심지 형성에 미친 효과 분석: 2000-2018년 두 시점 간 차이를 중심으로」, 『한국지역개발학회지』, 제33권 제2호, 2021, pp.41~56.

박경현 · 윤영모 · 고사론 · 양예림 · 조현지, 『국토균형발전을 위한 지역주도 초광역권 육성 전략』, 세종: 국토연구원, 2022.

박경현 · 고사론 · 이소현 · 신휴석 · 정유선, 『통합적 지역발전을 위한 초광역권 육성방안』, 세종: 국토연구원, 2023.

변필성 외, 『도시의 영향권과 기능 연계권 분석을 통한 도시권 획정 연구』, 세종: 국토연구원, 2020.

서민호 외, 『에너지 절약형 도시 구현을 위한 역세권 도시재생 활성화 방안』, 국토연구원, 2019.

서울시정개발연구원, 『서울시 장거리 및 교차통근의 실태분석에 관한 기초연구』, 2002.

윤미례 · 김태일, 「준실험설계에 의한 보육지원 정책의 고용효과 분석」, 『한국행정학보』, 제51권 제1호, 2017, pp.205~231.

이상호, 「지역노동시장권 (LLMAs) 의 측정과 적용 가능성에 관한 연구」, 『노동정책연구』, 제8권 제4호, 2008, pp.147~182.

이상호 · 고영우, 「부산과 광주의 지역노동시장권 비교분석」, 『지역고용노동연구』, 7(1), 2015, pp.47~68.

이선우 외, 「역세권개발 실행력 제고를 위한 제도개선 방안 연구」, 『한국도시설계학회지』, 제13권 제6호, 2012.

이세원 · 이희연. 「지역노동시장권 설정방법에 기초한 도시권 획정과 공간구조 분석」, 『국토연구』, 2015, pp.165~189.

이수빈 · 남진, 「서울시 도시공간 중심성의 변화와 그 요인분석: 2011년과 2019년을 중심으로」, 『국토계획』, 제56권 제6호, 대한국토도시계획학회, 2021, pp.22~35.

Cao, Jing, Xiaoyue Cathy Liu, Yinhai Wang, and Qingquan Li, “Accessibility Impacts of China’s High-speed Rail Network,” *Journal of Transport*

Geography, 28, 2013, pp.12~21(https://doi.org/10.1016/j.jtrangeo.2012.10.008).

Clark, W. A. V. and M. Kuijpers-Linde, "Commuting in Restructuring Urban Regions," *Urban Studies*, 31(3), 1994, pp.465~483.

Clauset, A., M. E. Newman, and C. Moore, "Finding community structure in very large networks," *Physical Review E—Statistical, Nonlinear, and Soft Matter Physics*, 70(6), 2004, 066111.

Dijkstra, L., H. Poelman and P. Veneri, "The EU-OECD Definition of a Functional Urban Area," OECD Regional Development Working Papers, No. 2019/11, OECD Publishing, Paris, 2019(https://doi.org/10.1787/d58cb34d-en).

Downs, A., "Stuck in Traffic: Coping with Peak-Hour Traffic Congestion," Washington, D. C.: Brookings Institution; Cambridge, Mass.: Lincoln Institute of Land Policy, 1992.

Eurostat., *Applying the Degree of Urbanisation - A Methodological Manual To Defi ne Cities, Towns And Rural Areas For International Comparisons*, 2021(https://ec.europa.eu/eurostat/web/products-manuals-and-guidelines/-/ks-02-20-499).

Fadic *et al.*, "Classifying Small(TL3) Regions Based on Metropolitan Population, Low Density and Remoteness," 2019(https://dx.doi.org/10.1787/b902cc00-en).

Farmer, C. J. and A. S. Fotheringham, "Network Based Functional Regions," *Environment and Planning A*, 43(11), 2011, pp.2723~2741.

Gallego, José Antonio Gutiérrez, José Manuel Naranjo Gómez, Francisco Javier Jaraíz-Cabanillas, Enrique Eugenio Ruiz Labrador, and Jin Su Jeong, "A methodology to assess the connectivity caused by a transportation infrastructure: Application to the high-speed rail in Extremadura," *Case Studies on Transport Policy*, 3(4), 2015, pp.392-401(https://doi.org/10.1016/j.cstp.2015.06.003).

Girvan, M., and M. E. Newman, "Community Structure in Social and Biological Networks," *Proceedings of the National Academy of Sciences*, 99(12), 2002, pp.7821~7826.

Glocker, D., "The Rise of Megaregions: Delineating a new scale of economic geography". *OECD Regional Development Papers*, 2018(4), 2018.

Gordon, P., H. W. Richardson, and H. L. Wong, "The Distribution of Population and Employment in a Polycentric City: The Case of Los Angeles," *Environment and Planning A*, 18(2), 1986, pp.161~173.

Gordon, P., H. W. Richardson, and G. Yu, "The Influence of Metropolitan Spatial

Structure on Commuting Time," *Journal of Urban Economics*, 26(2), 1989, pp.138~151.

Jiao, Jingjuan, Jiaoe Wang, and Fengjun Jin, "Impacts of High-speed Rail Lines on the City Network in China," *Journal of Transport Geography*, 60, 2017, pp.257~266(https://doi.org/10.1016/j.jtrangeo.2017.03.010).

Kim, Hyun and Yena Song, "Examining Accessibility and Reliability in the Evolution of Subway Systems," J*ournal of Public Transportation*, 18(3), 2015, pp.89~106(https://doi.org/10.5038/2375-0901.18.3.6).

Kwahk, K. Y., *Social Network Analysis*, 2nd ed. Cheongram, Seoul, 2017.

Lancichinetti, A. and S. Fortunato, "Community Detection Algorithms: a Comparative Analysis," *Physical Review E*, 80(5), 056117, 2009.

OECD, *Redefining "Urban": A New Way to Measure Metropolitan Areas*, OECD Publishing, 2012(http://dx.doi.org/10.1787/9789264174108-en).

Perroux, F. "Note sur la notion de'pôle de croissance'," *Économie appliquée*, 8, 1955, pp.307~320.

Song, Jinghua, Abudureheman Abuduwayiti, and Zhonghua Gou, "The Role of Subway Network in Urban Spatial Structure Optimization – Wuhan City as an Example," *Tunnelling and Underground Space Technology*, 131, 2023, 104842(https://doi.org/10.1016/j.tust.2022.104842).

Sun, L. and S. Abraham, "Estimating Dynamic Treatment Effects in Event Studies with Heterogeneous Treatment Effects," *Journal of Econometrics*, 225(2), 2021, pp.175~199.

Yang, C. H., H. W. Park, and J. Heo, "A Network Analysis of Interdisciplinary Research Relationships: the Korean Government's R&D Grant Program," *Scientometrics*, 83, 2010, pp.77~92.

Zhang, Peifeng, Yaoyang Zhao, Xinhua Zhu, Ziwei Cai, Jingxian Xu, and Shi Shi, "Spatial Structure of Urban Agglomeration Under the Impact of High-speed Railway Construction: Based on the Social Network Analysis," *Sustainable Cities and Society*, 62, 102404, 2020(https://doi.org/10.1016/j.scs.2020.102404).

<웹사이트 및 자료>

국가법령정보센터, 「대도시권 광역교통관리에 관한 특별법 시행령」(https://www.law.go.kr/LSW//main.html, 접속일: 2024. 11. 31).

국토용어해설(https://library.krihs.re.kr/bbs/content/2_439?pn=27&, 접속일: 2024. 5. 9).

지방시대위원회, 「초광역권 지자체」(https://www.balance.go.kr/base/contents/view?contentsNo=34&menuLevel=3&menuNo=13, 접속일: 2024. 12. 27).

통계청, 「인구주택총조사 표본_인구」, MDIS, RAS(RAS24021506), 2000; 2005; 2010; 2015; 2020.

KOSIS(https://kosis.kr/, 접속일: 2024. 9. 19).

부 록

1. 자료 통합 및 재분류

□ 분석자료: 인구총조사 인구부문 20% 표본자료 중 "통근" 자료

□ 시간적 범위: 2000년, 2005년, 2010년, 2015년, 2020년(2000년 공간 분석 단위를 기준으로 통합 및 재분류)

<부표 1-1> 인구 표본자료의 항목 및 내용(2000~20년 통일된 항목만 수록)

항 목	2000	2005	2010	2015	2020	코드 통합
가구ID	(문자)	(문자)	(문자)	(문자)	(문자)	-
가구원일련번호	(문자)	(문자)	(문자)	(문자)	(문자)	-
가구원성별코드	1: 남자 2: 여자	1: 남자 2: 여자	1: 남자 2: 여자	1: 남자 2: 여자	1: 남자 2: 여자	기존 활용
만연령	(숫자)	(숫자)	(숫자)	(숫자)	(숫자)	-
행정구역시도코드	행정구역코드표 참조	행정구역코드표 참조	행정구역코드표 참조	행정구역코드표 참조	행정구역코드표 참조	연도별 시도코드 변경 없음(2015년 세종시 코드 생성)
행정구역시군구코드	행정구역코드표 참조	행정구역코드표 참조	행정구역코드표 참조	행정구역코드표 참조	행정구역코드표 참조	일부 변경된 시군구코드 일치
가구주와의 관계	1:가구주, 2:가구주의 배우자, 3:자녀, 4:자녀의 배우자, 5:가구주의 부모, 6:배우자의 부모, 7:손자녀, 그 배우자, 8:증손자녀, 그 배우자, 9:조부모, 10:형제자매, 그 배우자, 11:형제자매의 자녀, 그 배우자,	1:가구주, 2:가구주의 배우자, 3:자녀, 4:자녀의 배우자, 5:가구주의 부모, 6:배우자의 부모, 7:손자녀, 그 배우자, 8:증손자녀, 그 배우자, 9:조부모, 10:형제자매, 그 배우자, 11:형제자매의 자녀, 그 배우자,	1:가구주, 2:가구주의 배우자, 3:자녀, 4:자녀의 배우자, 5:가구주의 부모, 6:배우자의 부모, 7:손자녀, 그 배우자, 8:증손자녀, 그 배우자, 9:조부모, 10:형제자매, 그 배우자, 11:형제자매의 자녀, 그 배우자,	1:가구주, 2:가구주의 배우자, 3:자녀, 4:자녀의 배우자, 5:가구주의 부모, 6:배우자의 부모, 7:친손자, 친손녀 및 그 배우자, 8:외손자, 외손녀 및 그 배우자, 9:증손자, 증손녀 및 그 배우자, 10:조부모,	1:가구주, 2:가구주의 배우자, 3:자녀, 4:자녀의 배우자, 5:가구주의 부모, 6:배우자의 부모, 7:손자녀, 그 배우자, 8:증손자녀, 그 배우자, 9:조부모, 10:형제자매, 그 배우자, 11:형제자매의 자녀, 그 배우자,	1:가구주, 2:가구주의 배우자, 3:자녀, 4:자녀의 배우자, 5:가구주의 부모, 6:배우자의 부모, 7:손자녀, 그 배우자, 8:증손자녀, 그 배우자, 9:조부모, 10:형제자매, 그 배우자, 11:형제자매의 자녀, 그 배우자,

<부표 1-1>의 계속

항 목	2000	2005	2010	2015	2020	코드 통합
가구주와의 관계	12:기타 친인척, 13:기타 동거인	12:부모의 형제자매, 그 배우자, 13:기타 친인척, 14:기타 동거인	12:부모의 형제자매, 그 배우자, 13:기타 친인척, 14:기타 동거인	11: 형제자매 및 그 배우자, 12: 형제 자매의 자녀 및 그 배우자, 13:부모의 형제자매 및 그 배우자, 14: 기타 친인척, 15: 그 외 같이 사는 사람 (고용인, 하숙인 등)	12: 부모의 형제자매, 그 배우자, 13: 기타 친인척, 14: 그 외 같이 사람 (고용인, 하숙인 등)	12:기타 친인척, 13:기타 동거인
교육 정도	1:안받았음(미취학), 2:초등학교, 3:중학교, 4:고등학교, 5:대학(4년제 미만), 6:대학(4년제 이상), 7:대학원 석사과정 8:대학원 박사과정	1:안받았음(미취학), 2:초등학교, 3:중학교, 4:고등학교, 5:대학(4년제 미만), 6:대학(4년제 이상), 7:대학원 석사과정 8:대학원 박사과정	1:안받았음(미취학), 2:초등학교, 3:중학교, 4:고등학교, 5:대학(4년제 미만), 6:대학(4년제 이상), 7:대학원 석사과정 8:대학원 박사과정	1:안받았음(미취학), 2:초등학교, 3:중학교, 4:고등학교, 5:대학(4년제 미만), 6:대학(4년제 이상), 7:대학원 이상	1:안받았음(미취학), 2:초등학교, 3:중학교, 4:고등학교, 5:대학(4년제 미만), 6:대학(4년제 이상), 7:대학원 석사과정 8:대학원 박사과정	1:안받았음(미취학), 2:초등학교, 3:중학교, 4:고등학교, 5:대학(4년제 미만), 6:대학(4년제 이상), 7:대학원 이상
교육상태	1:졸업, 2:재학, 3:수료, 4:휴학, 5:중퇴	1:졸업, 2:재학, 3:수료, 4:휴학, 5:중퇴	1:졸업, 2:재학, 3:수료, 4:휴학, 5:중퇴, 9:미상	1:졸업, 2:재학, 3:수료, 4:휴학, 5:중퇴	1:졸업, 2:재학, 3:수료, 4:휴학, 5:중퇴	기존 활용

<부표 1-1>의 계속

항 목	2000	2005	2010	2015	2020	코드 통합
5년 전 거주지 구분코드	**0**:입력오류, **1**:5년 전에는 태어나지 않았음. **2**:현재 살고 있는 집, **3**:같은 시군구 내 다른 집, **4**:다른 시군구 또는 다른 시도 **5**:북한 또는 외국 빈칸:미상	**1**:태어나지 않았음. **2**:현재 살고 있는 집, **3**:같은 시군구 내 다른 집, **4**:다른 시군구 **5**:북한 또는 외국	**1**:태어나지 않았음. **2**:현재 살고 있는 집, **3**:같은 시군구 내 다른 집, **4**:다른 시군구 또는 다른 시도 **5**:북한 또는 외국 **9**:미상	**1**: 태어나지 않았음. **2**:현재 살고 있는 집, **3**:같은 시군구 내 다른 집, **4**:다른 시군구 **5**:북한 또는 외국	**1**: 태어나지 않았음. **2**:비이동(현재 살고 있는 집+같은 읍면동 내 다른 집), **3**:같은 시군구 내 다른 집, **4**:다른 시군구 **5**:북한 또는 외국	
5년 전 거주지 행정구역시도 코드	행정구역코드표 참조	행정구역코드표 참조	행정구역코드표 참조	행정구역코드표 참조	행정구역코드표 참조	연도별 시도코드 변경 없음(2015년 세종시 코드 생성)
5년 전 거주지 행정구역시군구 코드	행정구역코드표 참조	행정구역코드표 참조	행정구역코드표 참조	행정구역코드표 참조	행정구역코드표 참조	일부 변경된 시군구코드 일치
경제활동상태 코드	**0**:입력오류, **1**:있음, **2**:일을 하여 왔으나 휴가 등으로 잠시 쉬고 있음, **3**:없음(가사, 학업 등),	**1**:있음, **2**:일을 하여 왔으나 잠시 쉬고 있음, **3**:없음(가사, 학업 등)	**1**:주로 일하였음, **2**:가사 학교(학원)등 다른 활동을 하면서 틈틈이 일하였음. **3**:일을 하여 왔으나, 휴가 등으로 잠시 쉬고 있음, **4**:일하지 않았음.	**1**:주로 일하였음, **2**:틈틈이 일하였음, **3**:일시휴직, **4**:일하지 않았음	**1**:주로 일하였음, **2**:틈틈이 일하였음, **3**:일시휴직, **4**:일하지 않았음	

<부표 1-1>의 계속

항 목	2000	2005	2010	2015	2020	코드 통합
경제활동상태 코드	빈칸:해당 없음(15세 미만) 또는 미상		9:해당 없음(15세 미만) 또는 미상			
종사지위코드	1:임금,봉급근로자, 2:고용원이 없는 자영자, 3:고용원을 둔 사업주, 4:무급가족종사자, 빈칸:해당 없음(15세 미만, 경활3) 또는 미상	1:임금근로자, 2:고용원이 없는 자영자, 3:고용원을 둔 사업주, 4:무급가족종사자	1:임금근로자, 2:고용원이 없는 자영자, 3:고용원을 둔 사업주, 4:무급가족종사자, 9:미상	1:임금근로자, 2:고용원이 없는 자영업자, 3:고용원을 둔 자영업자, 4:무급가족종사자	1:임금근로자, 2:고용원이 없는 자영업자, 3:고용원을 둔 자영업자, 4:무급가족종사자	기존 활용
혼인상태코드	1:미혼, 2:배우자 있음, 3:사별 4:이혼, 6:입력오류, 빈칸:해당 없음(15세 미만, 경활) 또는 미상	1:미혼, 2:배우자있음, 3:사별 4:이혼	1:미혼, 2:배우자있음, 3:사별 4:이혼, 9:미상	1:미혼, 2:배우자 있음, 3:사별 4:이혼	1:미혼, 2:배우자 있음, 3:사별 4:이혼	기존 활용
최종산업 대분류코드	-	A-Z	A-Z	A-U	A-Z	2015~20년 코드 그대로 사용
최종산업 중분류코드	1-99	1-99,Z	1-99	1-99, A-U	1-99, A-U	최종산업_대분류코드로 분류하여 사용
최종산업 소분류코드	0-9	0-9,Z	0-9,Z	11-990, A-U	11-990, A-U	-

<부표 1-1>의 계속

항 목	2000	2005	2010	2015	2020	코드 통합
최종직업 대분류코드	-	A-Z	1-9,A-Z	1-9, A,Z	1-9, A	2015~20년 코드 그대로 사용
최종직업 중분류코드	1-94,A1	1-94,A1,ZZ	1-9,Z	1-99, A1	1-99, A0	최종직업_대분류코드로 분류하여 사용
최종직업 소분류코드	09-1	1-9,Z	0-9,Z	1-999	1-999,A0-A09	-

<부표 1-2> 통행자료의 항목 및 내용

항 목	2000년	2005년	2010년	2015년	2020년	코드 통합
통근통학 여부	1: 통근함 2: 통학함 3: 안함	1: 통근함 2: 통학함 3: 안함	1: 통근함 2: 통학함 3: 안함	1: 통근함 2: 통학함 3: 안함	1: 통근함 2: 통학함 3: 안함	기존 활용
통근통학_구분코드	1: 현재 살고 있는 읍면동 2: 같은 시군구 내 다른 읍면동 3: 다른 시군구 4: 입력오류 빈칸: 해당 없음(12세 미만) 또는 미상	-	-	-	-	코드 통합하지 않고 항목별로 활용
통근통학_장소코드	-	-	-	1: 현재 살고 있는 읍면동 2: 같은 시군구 내 다른 읍면동 3: 같은 시도내 다른 시군구 4: 다른 시도	1: 현재 살고 있는 읍면동 2: 다른 읍면동	
통근통학 장소_현재 읍면동 여부	-	1: 현재 살고 있는 읍면동 2: 다른 읍면동 9: 미상	1: 현재 살고 있는 읍면동 2: 다른 읍면동	1: 현재 살고 있는 읍면동 2: 다른 읍면동	-	

<부표 1-2>의 계속

항 목	2000년	2005년	2010년	2015년	2020년	코드 통합
통근통학_타행정구역 시도코드	행정구역코드 참조	행정구역코드 참조	행정구역코드 참조	행정구역코드 참조	행정구역코드 참조	연도별 시도코드 변경 없음(2015년 세종시 코드 생성)
통근통학_타행정구역 시군구코드	행정구역코드 참조	행정구역코드 참조	행정구역코드 참조	행정구역코드 참조	행정구역코드 참조	일부 변경된 시군구코드 일치
소요시간수	숫자	-	숫자	1: 15분 미만 2: 15~30분 3: 30~40분 4: 45~60분 5: 60~90분 6. 90~120분 7: 120분 이상	-	통근통학_분환산수로 통일(분단위) (2015년은 중간값 적용, 단 120분 이상은 135분으로 변환)
소요분수	숫자	-	숫자	-	-	
통근통학_분환산수	-	숫자	-	-	-	
교통수단1_코드	1: 도보로만 2: 시내·좌석·마을버스 3: 기타버스(통학, 통근버스) 4: 고속·시외버스, 5: 전철, 지하철	1: 걸어서 2: 승용차, 소형승합차 3: 시내·좌석·마을버스 4: 통학·통근버스 5: 고속·시외버스	-	-	-	교통수단별 (수단 1~6)로 재분류

<부표 1-2>의 계속

항 목	2000년	2005년	2010년	2015년	2020년	코드 통합
교통수단1_코드	6: 기차(지역간열차) 7: 승용차, 소형승합차 8: 택시 9: 자전거 10: 기타(오토바이, 트럭 등) 빈칸: 해당없음	6: 전철, 지하철 7: 기차 8: 택시 9: 자전거 10: 기타(오토바이, 트럭 등)	-	-	-	교통수단별 (수단 1~6)로 재분류
교통수단2_코드	2: 시내・좌석・마을버스 3: 기타버스 (통학・통근버스) 4: 고속・시외버스 5: 전철, 지하철 6: 기차(지역간열차) 7: 승용차, 소형승합차 8: 택시 9: 자전거 10: 기타(오토바이, 트럭 등) 빈칸: 해당없음(12세 미만) 또는 미상	2: 승용차, 소형승합차 3: 시내・좌석・마을버스 4: 통학, 통근버스 5: 고속・시외버스 6: 전철, 지하철 7: 기차 8: 택시, 9: 자전거 0: 기타(오토바이, 트럭 등)	-	-	-	교통수단별 (수단 1~6)로 재분류

<부표 1-2>의 계속

항 목	2000년	2005년	2010년	2015년	2020년	코드 통합
이용교통수단_ 걸어서	-	-	1: 응답 9: 미상	1: 응답 빈칸: 응답없음	1: 응답 빈칸: 응답없음	교통수단별 (수단 1~6)로 재분류
이용교통수단_ 승용차, 소형 승합차	-	-	1: 응답 9: 미상	1: 응답 빈칸: 응답없음	1: 응답 빈칸: 응답없음	교통수단별 (수단 1~6)로 재분류
이용교통수단_ 시내·좌석·마을버스	-	-	1: 응답 9: 미상	1: 응답 빈칸: 응답없음	1: 응답 빈칸: 응답없음	교통수단별 (수단 1~6)로 재분류
이용교통수단_ 통근·통학버스	-	-	1: 응답 9: 미상	1: 응답 빈칸: 응답없음	1: 응답 빈칸: 응답없음	교통수단별 (수단 1~6)로 재분류
이용교통수단_ 고속·시외버스	-	-	1: 응답 9: 미상	1: 응답, 빈칸: 응답없음	1: 응답, 빈칸: 응답없음	교통수단별 (수단 1~6)로 재분류
이용교통수단_ 전철, 지하철	-	-	1: 응답 9: 미상	1: 응답, 빈칸: 응답없음	1: 응답, 빈칸: 응답없음	교통수단별 (수단 1~6)로 재분류

<부표 1-2>의 계속

항 목	2000년	2005년	2010년	2015년	2020년	코드 통합
이용교통수단_ 기차	-	-	1: 응답 9: 미상	1: 응답, 빈칸: 응답없음	1: 응답, 빈칸: 응답없음	교통수단별 (수단 1~6)로 재분류
이용교통수단_ 택시	-	-	1: 응답 9: 미상	1: 응답, 빈칸: 응답없음	1: 응답, 빈칸: 응답없음	교통수단별 (수단 1~6)로 재분류
이용교통수단_ 자전거	-	-	1: 응답 9: 미상	1: 응답, 빈칸: 응답없음	1: 응답, 빈칸: 응답없음	교통수단별 (수단 1~6)로 재분류
이용교통수단_ 기타(오토바이, 화물차 등)	-	-	1: 응답 9: 미상	1: 응답, 빈칸: 응답없음	1: 응답, 빈칸: 응답없음	교통수단별 (수단 1~6)로 재분류
이용교통수단_ 트럭	-	-	-	-	1: 응답, 빈칸: 응답없음	교통수단별 (수단 1~6)로 재분류
단일복합구분 (이용교통수단)	-	-	1: 단일 2: 복합 9: 미상	1: 단일 2: 복합	1: 단일 2: 복합 9: 미상	해당 값 활용하여 교통수단별 (수단 1~6)로 재분류
이용교통수단 소요시간수	-	-	(숫자)	-	(숫자)	통근통학_분환산수로 통일(분 단위)

<부표 1-2>의 계속

항 목	2000년	2005년	2010년	2015년	2020년	코드 통합
이용교통수단 코드	-	-	1: 걸어서, 2: 승용 · 승합차 3: 시내 · 좌석 · 마을버스 4: 통근 · 통학버스 5: 고속 · 시외버스 6: 전철, 지하철 7: 기차 8: 택시 9: 자전거 10: 기타(오토바이, 트럭 등) 11-19: 걸어서+2-10(순서대로) 20-27: 승용 · 승합차+3-10 28-34: 시내 · 좌석 · 마을버스+4-10 35-40: 통근 · 통학버스+5-10 41-45: 고속 · 시외버스+6-10 46-49: 전철, 지하철+7-10 50-52: 기차+8-10 53: 택시+자전거 54: 택시+기타 55: 자전거+기타 99: 미상	(2010년과 동일)	1: 걸어서 2: 자전거 3: 승용 · 승합차 4: 트럭 5: 시내 · 좌석 · 마을버스 6: 통근 · 통학버스 7: 고속시외버스 8: 전철, 지하철 9: 기차 10: 택시 11: 기타(오토바이,트럭 등) 22-30: 자전거+3-11(순서대로) 31-38: 승용승합차+4-11 39-45: 트럭+5-11 46-51: 시내 · 좌석 · 마을버스+6-11 52-56: 통근 · 통학버스+7-11 57-60: 고속 · 시외버스+8-11 61-63: 전철, 지하철+9-11 50-52: 기차+8-10 64: 기차+택시 65: 기차+기타 66: 택시+기타 99: 미상	-

<부표 1-3> 연도별 시군구 현황

번호	시도	2000년	2005년	2010년	2015년	2020년
1	서울특별시	종로구	종로구	종로구	종로구	종로구
2	서울특별시	중구	중구	중구	중구	중구
3	서울특별시	용산구	용산구	용산구	용산구	용산구
4	서울특별시	성동구	성동구	성동구	성동구	성동구
5	서울특별시	광진구	광진구	광진구	광진구	광진구
6	서울특별시	동대문구	동대문구	동대문구	동대문구	동대문구
7	서울특별시	중랑구	중랑구	중랑구	중랑구	중랑구
8	서울특별시	성북구	성북구	성북구	성북구	성북구
9	서울특별시	강북구	강북구	강북구	강북구	강북구
10	서울특별시	도봉구	도봉구	도봉구	도봉구	도봉구
11	서울특별시	노원구	노원구	노원구	노원구	노원구
12	서울특별시	은평구	은평구	은평구	은평구	은평구
13	서울특별시	서대문구	서대문구	서대문구	서대문구	서대문구
14	서울특별시	마포구	마포구	마포구	마포구	마포구
15	서울특별시	양천구	양천구	양천구	양천구	양천구
16	서울특별시	강서구	강서구	강서구	강서구	강서구
17	서울특별시	구로구	구로구	구로구	구로구	구로구
18	서울특별시	금천구	금천구	금천구	금천구	금천구
19	서울특별시	영등포구	영등포구	영등포구	영등포구	영등포구
20	서울특별시	동작구	동작구	동작구	동작구	동작구
21	서울특별시	관악구	관악구	관악구	관악구	관악구
22	서울특별시	서초구	서초구	서초구	서초구	서초구
23	서울특별시	강남구	강남구	강남구	강남구	강남구
24	서울특별시	송파구	송파구	송파구	송파구	송파구
25	서울특별시	강동구	강동구	강동구	강동구	강동구
26	부산광역시	중구	중구	중구	중구	중구
27	부산광역시	서구	서구	서구	서구	서구
28	부산광역시	동구	동구	동구	동구	동구
29	부산광역시	영도구	영도구	영도구	영도구	영도구
30	부산광역시	부산진구	부산진구	부산진구	부산진구	부산진구
31	부산광역시	동래구	동래구	동래구	동래구	동래구
32	부산광역시	남구	남구	남구	남구	남구
33	부산광역시	북구	북구	북구	북구	북구
34	부산광역시	해운대구	해운대구	해운대구	해운대구	해운대구

<부표 1-3>의 계속

번호	시도	2000년	2005년	2010년	2015년	2020년
35	부산광역시	사하구	사하구	사하구	사하구	사하구
36	부산광역시	금정구	금정구	금정구	금정구	금정구
37	부산광역시	강서구	강서구	강서구	강서구	강서구
38	부산광역시	연제구	연제구	연제구	연제구	연제구
39	부산광역시	수영구	수영구	수영구	수영구	수영구
40	부산광역시	사상구	사상구	사상구	사상구	사상구
41	부산광역시	기장군	기장군	기장군	기장군	기장군
42	대구광역시	중구	중구	중구	중구	중구
43	대구광역시	동구	동구	동구	동구	동구
44	대구광역시	서구	서구	서구	서구	서구
45	대구광역시	남구	남구	남구	남구	남구
46	대구광역시	북구	북구	북구	북구	북구
47	대구광역시	수성구	수성구	수성구	수성구	수성구
48	대구광역시	달서구	달서구	달서구	달서구	달서구
49	대구광역시	달성군	달성군	달성군	달성군	달성군
50	인천광역시	중구	중구	중구	중구	중구
51	인천광역시	동구	동구	동구	동구	동구
52	인천광역시	남구	남구	남구	남구	(남구→) 미추홀구
53	인천광역시	연수구	연수구	연수구	연수구	연수구
54	인천광역시	남동구	남동구	남동구	남동구	남동구
55	인천광역시	부평구	부평구	부평구	부평구	부평구
56	인천광역시	계양구	계양구	계양구	계양구	계양구
57	인천광역시	서구	서구	서구	서구	서구
58	인천광역시	강화군	강화군	강화군	강화군	강화군
59	인천광역시	옹진군	옹진군	옹진군	옹진군	옹진군
60	광주광역시	동구	동구	동구	동구	동구
61	광주광역시	서구	서구	서구	서구	서구
62	광주광역시	남구	남구	남구	남구	남구
63	광주광역시	북구	북구	북구	북구	북구
64	광주광역시	광산구	광산구	광산구	광산구	광산구
65	대전광역시	동구	동구	동구	동구	동구
66	대전광역시	중구	중구	중구	중구	중구
67	대전광역시	서구	서구	서구	서구	서구

<부표 **1-3**>의 계속

번호	시도	2000년	2005년	2010년	2015년	2020년
68	대전광역시	유성구	유성구	유성구	유성구	유성구
69	대전광역시	대덕구	대덕구	대덕구	대덕구	대덕구
70	울산광역시	중구	중구	중구	중구	중구
71	울산광역시	남구	남구	남구	남구	남구
72	울산광역시	동구	동구	동구	동구	동구
73	울산광역시	북구	북구	북구	북구	북구
74	울산광역시	울주군	울주군	울주군	울주군	울주군
75	세종특별자치시	연기군	연기군	연기군	(연기군→) 세종특별 자치시	세종특별 자치시
76	경기도	수원시 장안구	수원시 장안구	수원시 장안구	수원시 장안구	수원시 장안구
77	경기도	수원시 권선구	수원시 권선구	수원시 권선구	수원시 권선구	수원시 권선구
78	경기도	수원시 팔달구	수원시 팔달구	수원시 팔달구	수원시 팔달구	수원시 팔달구
79	경기도	수원시 영통구	수원시 영통구	수원시 영통구	수원시 영통구	수원시 영통구
80	경기도	성남시 수정구	성남시 수정구	성남시 수정구	성남시 수정구	성남시 수정구
81	경기도	성남시 중원구	성남시 중원구	성남시 중원구	성남시 중원구	성남시 중원구
82	경기도	성남시 분당구	성남시 분당구	성남시 분당구	성남시 분당구	성남시 분당구
83	경기도	의정부시	의정부시	의정부시	의정부시	의정부시
84	경기도	안양시 만안구	안양시 만안구	안양시 만안구	안양시 만안구	안양시 만안구
85	경기도	안양시 동안구	안양시 동안구	안양시 동안구	안양시 동안구	안양시 동안구
86	경기도	부천시 원미구, 소사구, 오정구	부천시 원미구, 소사구, 오정구	부천시 원미구, 소사구, 오정구	부천시 원미구, 소사구, 오정구	(부천시 원미구, 소사구, 오정구→) 부천시
87	경기도	광명시	광명시	광명시	광명시	광명시
88	경기도	평택시	평택시	평택시	평택시	평택시
89	경기도	동두천시	동두천시	동두천시	동두천시	동두천시

<부표 1-3>의 계속

번호	시도	2000년	2005년	2010년	2015년	2020년
90	경기도	안산시	(안산시→) 안산시 상록구, 단원구	안산시 상록구, 단원구	안산시 상록구, 단원구	안산시 상록구, 단원구
91	경기도	고양시 덕양구	고양시 덕양구	고양시 덕양구	고양시 덕양구	고양시 덕양구
92	경기도	고양시 일산구	(고양시 일산구→) 고양시 일산동구, 일산서구	고양시 일산동구, 일산서구	고양시 일산동구, 일산서구	고양시 일산동구, 일산서구
93	경기도	과천시	과천시	과천시	과천시	과천시
94	경기도	구리시	구리시	구리시	구리시	구리시
95	경기도	남양주시	남양주시	남양주시	남양주시	남양주시
96	경기도	오산시	오산시	오산시	오산시	오산시
97	경기도	시흥시	시흥시	시흥시	시흥시	시흥시
98	경기도	군포시	군포시	군포시	군포시	군포시
99	경기도	의왕시	의왕시	의왕시	의왕시	의왕시
100	경기도	하남시	하남시	하남시	하남시	하남시
101	경기도	용인시	(용인시→) 용인시 처인구, 기흥구, 수지구	용인시 처인구, 기흥구, 수지구	용인시 처인구, 기흥구, 수지구	용인시 처인구, 기흥구, 수지구
102	경기도	파주시	파주시	파주시	파주시	파주시
103	경기도	이천시	이천시	이천시	이천시	이천시
104	경기도	안성시	안성시	안성시	안성시	안성시
105	경기도	김포시	김포시	김포시	김포시	김포시
106	경기도	화성군	화성시	화성시	화성시	화성시
107	경기도	광주군	광주시	광주시	광주시	광주시
108	경기도	양주군	양주시	양주시	양주시	양주시
109	경기도	포천군	포천시	포천시	포천시	포천시
110	경기도	여주군	여주군	여주군	(여주군→) 여주시	여주시
111	경기도	연천군	연천군	연천군	연천군	연천군
112	경기도	가평군	가평군	가평군	가평군	가평군
113	경기도	양평군	양평군	양평군	양평군	양평군

<부표 1-3>의 계속

번호	시도	2000년	2005년	2010년	2015년	2020년
114	강원도	춘천시	춘천시	춘천시	춘천시	춘천시
115	강원도	원주시	원주시	원주시	원주시	원주시
116	강원도	강릉시	강릉시	강릉시	강릉시	강릉시
117	강원도	동해시	동해시	동해시	동해시	동해시
118	강원도	태백시	태백시	태백시	태백시	태백시
119	강원도	속초시	속초시	속초시	속초시	속초시
120	강원도	삼척시	삼척시	삼척시	삼척시	삼척시
121	강원도	홍천군	홍천군	홍천군	홍천군	홍천군
122	강원도	횡성군	횡성군	횡성군	횡성군	횡성군
123	강원도	영월군	영월군	영월군	영월군	영월군
124	강원도	평창군	평창군	평창군	평창군	평창군
125	강원도	정선군	정선군	정선군	정선군	정선군
126	강원도	철원군	철원군	철원군	철원군	철원군
127	강원도	화천군	화천군	화천군	화천군	화천군
128	강원도	양구군	양구군	양구군	양구군	양구군
129	강원도	인제군	인제군	인제군	인제군	인제군
130	강원도	고성군	고성군	고성군	고성군	고성군
131	강원도	양양군	양양군	양양군	양양군	양양군
132	충청북도	청주시, 청원군	청주시, 청원군	(청주시, 청원군→) 청주시	청주시	청주시
133	충청북도	충주시	충주시	충주시	충주시	충주시
134	충청북도	제천시	제천시	제천시	제천시	제천시
135	충청북도	보은군	보은군	보은군	보은군	보은군
136	충청북도	옥천군	옥천군	옥천군	옥천군	옥천군
137	충청북도	영동군	영동군	영동군	영동군	영동군
138	충청북도	진천군	진천군	진천군	진천군	진천군
139	충청북도	괴산군	괴산군	괴산군	괴산군	괴산군
140	충청북도	음성군	음성군	음성군	음성군	음성군
141	충청북도	단양군	단양군	단양군	단양군	단양군
142	충청북도	증평출장소	(증평 출장소→) 증평군	증평군	증평군	증평군

<부표 **1-3**>의 계속

번호	시도	2000년	2005년	2010년	2015년	2020년
143	충청남도	천안시	천안시	(천안시→) 천안시 동남구, 서북구	천안시 동남구, 서북구	천안시 동남구, 서북구
144	충청남도	공주시	공주시	공주시	공주시	공주시
145	충청남도	보령시	보령시	보령시	보령시	보령시
146	충청남도	아산시	아산시	아산시	아산시	아산시
147	충청남도	서산시	서산시	서산시	서산시	서산시
148	충청남도	논산시	논산시	논산시	논산시	논산시
149	충청남도	계룡출장소	(계룡 출장소→) 계룡시	계룡시	계룡시	계룡시
150	충청남도	당진군	당진군	당진군	(당진군→) 당진시	당진시
151	충청남도	금산군	금산군	금산군	금산군	금산군
152	충청남도	부여군	부여군	부여군	부여군	부여군
153	충청남도	서천군	서천군	서천군	서천군	서천군
154	충청남도	청양군	청양군	청양군	청양군	청양군
155	충청남도	홍성군	홍성군	홍성군	홍성군	홍성군
156	충청남도	예산군	예산군	예산군	예산군	예산군
157	충청남도	태안군	태안군	태안군	태안군	태안군
158	전라북도	전주시 완산구	전주시 완산구	전주시 완산구	전주시 완산구	전주시 완산구
159	전라북도	전주시 덕진구	전주시 덕진구	전주시 덕진구	전주시 덕진구	전주시 덕진구
160	전라북도	군산시	군산시	군산시	군산시	군산시
161	전라북도	익산시	익산시	익산시	익산시	익산시
162	전라북도	정읍시	정읍시	정읍시	정읍시	정읍시
163	전라북도	남원시	남원시	남원시	남원시	남원시
164	전라북도	김제시	김제시	김제시	김제시	김제시
165	전라북도	완주군	완주군	완주군	완주군	완주군
166	전라북도	진안군	진안군	진안군	진안군	진안군
167	전라북도	무주군	무주군	무주군	무주군	무주군
168	전라북도	장수군	장수군	장수군	장수군	장수군
169	전라북도	임실군	임실군	임실군	임실군	임실군

<부표 1-3>의 계속

번호	시도	2000년	2005년	2010년	2015년	2020년
170	전라북도	순창군	순창군	순창군	순창군	순창군
171	전라북도	고창군	고창군	고창군	고창군	고창군
172	전라북도	부안군	부안군	부안군	부안군	부안군
173	전라남도	목포시	목포시	목포시	목포시	목포시
174	전라남도	여수시	여수시	여수시	여수시	여수시
175	전라남도	순천시	순천시	순천시	순천시	순천시
176	전라남도	나주시	나주시	나주시	나주시	나주시
177	전라남도	광양시	광양시	광양시	광양시	광양시
178	전라남도	담양군	담양군	담양군	담양군	담양군
179	전라남도	곡성군	곡성군	곡성군	곡성군	곡성군
180	전라남도	구례군	구례군	구례군	구례군	구례군
181	전라남도	고흥군	고흥군	고흥군	고흥군	고흥군
182	전라남도	보성군	보성군	보성군	보성군	보성군
183	전라남도	화순군	화순군	화순군	화순군	화순군
184	전라남도	장흥군	장흥군	장흥군	장흥군	장흥군
185	전라남도	강진군	강진군	강진군	강진군	강진군
186	전라남도	해남군	해남군	해남군	해남군	해남군
187	전라남도	영암군	영암군	영암군	영암군	영암군
188	전라남도	무안군	무안군	무안군	무안군	무안군
189	전라남도	함평군	함평군	함평군	함평군	함평군
190	전라남도	영광군	영광군	영광군	영광군	영광군
191	전라남도	장성군	장성군	장성군	장성군	장성군
192	전라남도	완도군	완도군	완도군	완도군	완도군
193	전라남도	진도군	진도군	진도군	진도군	진도군
194	전라남도	신안군	신안군	신안군	신안군	신안군
195	경상북도	포항시 남구	포항시 남구	포항시 남구	포항시 남구	포항시 남구
196	경상북도	포항시 북구	포항시 북구	포항시 북구	포항시 북구	포항시 북구
197	경상북도	경주시	경주시	경주시	경주시	경주시
198	경상북도	김천시	김천시	김천시	김천시	김천시
199	경상북도	안동시	안동시	안동시	안동시	안동시
200	경상북도	구미시	구미시	구미시	구미시	구미시
201	경상북도	영주시	영주시	영주시	영주시	영주시

<부표 1-3>의 계속

번호	시도	2000년	2005년	2010년	2015년	2020년
202	경상북도	영천시	영천시	영천시	영천시	영천시
203	경상북도	상주시	상주시	상주시	상주시	상주시
204	경상북도	문경시	문경시	문경시	문경시	문경시
205	경상북도	경산시	경산시	경산시	경산시	경산시
206	경상북도	군위군	군위군	군위군	군위군	군위군
207	경상북도	의성군	의성군	의성군	의성군	의성군
208	경상북도	청송군	청송군	청송군	청송군	청송군
209	경상북도	영양군	영양군	영양군	영양군	영양군
210	경상북도	영덕군	영덕군	영덕군	영덕군	영덕군
211	경상북도	청도군	청도군	청도군	청도군	청도군
212	경상북도	고령군	고령군	고령군	고령군	고령군
213	경상북도	성주군	성주군	성주군	성주군	성주군
214	경상북도	칠곡군	칠곡군	칠곡군	칠곡군	칠곡군
215	경상북도	예천군	예천군	예천군	예천군	예천군
216	경상북도	봉화군	봉화군	봉화군	봉화군	봉화군
217	경상북도	울진군	울진군	울진군	울진군	울진군
218	경상북도	울릉군	울릉군	울릉군	울릉군	울릉군
219	경상남도	창원시, 마산시, 진해시	창원시, 마산시, 진해시	(창원시, 마산시, 진해시→) 창원시	창원시	창원시
220	경상남도	진주시	진주시	진주시	진주시	진주시
221	경상남도	통영시	통영시	통영시	통영시	통영시
222	경상남도	사천시	사천시	사천시	사천시	사천시
223	경상남도	김해시	김해시	김해시	김해시	김해시
224	경상남도	밀양시	밀양시	밀양시	밀양시	밀양시
225	경상남도	거제시	거제시	거제시	거제시	거제시
226	경상남도	양산시	양산시	양산시	양산시	양산시
227	경상남도	의령군	의령군	의령군	의령군	의령군
228	경상남도	함안군	함안군	함안군	함안군	함안군
229	경상남도	창녕군	창녕군	창녕군	창녕군	창녕군
230	경상남도	고성군	고성군	고성군	고성군	고성군
231	경상남도	남해군	남해군	남해군	남해군	남해군
232	경상남도	하동군	하동군	하동군	하동군	하동군

<부표 1-3>의 계속

번호	시도	2000년	2005년	2010년	2015년	2020년
233	경상남도	산청군	산청군	산청군	산청군	산청군
234	경상남도	함양군	함양군	함양군	함양군	함양군
235	경상남도	거창군	거창군	거창군	거창군	거창군
236	경상남도	합천군	합천군	합천군	합천군	합천군
237	제주도	제주시, 북제주군	제주시, 북제주군	(제주시, 북제주군→) 제주시	제주시	제주시
238	제주도	서귀포시, 남제주군	서귀포시, 남제주군	(서귀포시, 남제주군→) 서귀포시	서귀포시	서귀포시

<부표 1-4> 인구총조사의 교통수단 분류

구 분	2000년	2005년	2010년	2015년	2020년	교통 수단 분류
교통 1 (단일수단)	시내・좌석・마을버스 기타버스(통근・통학 버스) 고속・시외버스	시내・좌석・마을버스 통근・통학버스 고속・시외버스	시내・좌석・마을버스 통근・통학버스 고속・시외버스	시내・좌석・마을버스 통근・통학버스 고속・시외버스	시내・좌석・마을버스 통근・통학버스 고속・시외버스	버스
교통 2 (단일수단)	전철, 지하철 기차(지역간열차)	전철, 지하철 기차	전철, 지하철 기차	전철, 지하철 기차	전철, 지하철 기차	지하철
교통 3 (단일수단)	승용차(개인 승합차 포함)	승용차, 소형 승합차	승용차, 소형 승합차	승용차, 소형 승합차	승용차, 소형 승합차	승용차
교통 4 (단일수단)	자전거 도보로만	자전거 걸어서	자전거 걸어서	자전거 걸어서	자전거 도보	자전거 및 도보
교통 5 (복합수단)	시내・좌석・마을버스 기타버스(통근・통학 버스) 고속・시외버스 전철, 지하철, 기차 (지역간열차)	시내・좌석・마을버스 통근・통학버스 고속・시외버스 전철, 지하철, 기차	시내・좌석・마을버스 통근・통학버스 고속・시외버스 전철, 지하철, 기차	시내・좌석・마을버스 통근・통학버스 고속・시외버스 전철, 지하철, 기차	시내・좌석・마을버스 통근・통학버스, 고속・시외버스, 전철, 지하철, 기차	대중교통 복합 수단
교통 6 (복합수단)	승용차 및 대중교통 (시내・좌석・마을버스, 기타버스(통근・통학버 스), 고속・시외버스, 전철, 지하철, 기차 (지역간열차))	승용차 및 대중교통 (시내・좌석・마을버스, 통근・통학버스, 고속・시외버스, 전철, 지하철, 기차)	승용차 및 대중교통 (시내・좌석・마을버스, 통근・통학버스, 고속・시외버스, 전철, 지하철, 기차)	승용차 및 대중교통 (시내・좌석・마을버스, 통근・통학버스, 고속・시외버스, 전철, 지하철, 기차)	승용차 및 대중교통 (시내・좌석・마을버스, 통근・통학버스, 고속・시외버스, 전철, 지하철, 기차)	승용차 및 대중교통 복합 수단

주: 교통 5 및 교통 6(복합수단)은 통근을 위해 2가지 이상의 교통수단을 이용하는 경우를 말함.

<부표 1-5> 인구총조사 조사방법

	2000년	2005년	2010년	2015년	2020년
조사방법	조사원에 의한 면접조사	인터넷조사 방식 도입 웹 기반 현지PC 자료입력 방식 도입	인터넷조사 방식 확대 (인터넷조사: 17일, 방문면접조사:15일)	인터넷조사 방식 적용 (인터넷조사: 8일, 방문면접조사:15일)	태블릿PC 활용한 전면 전자조사 실시 모바일조사(28.8%), 전화조사(5.7%) 방식 도입 (방문면접:52.4%, 인터넷조사 방식 PC:9.4%)

2. 대도시권 범위

<부표 2-1> 대도시권 범위

권역별	2000년	2005년	2010년	2015년	2020년	2024년
수도권	서울특별시, 인천광역시 및 경기도	서울특별시, 인천광역시 및 경기도	서울특별시, 인천광역시 및 경기도	서울특별시, 인천광역시 및 경기도	서울특별시, 인천광역시 및 경기도	서울특별시, 인천광역시 및 경기도
부산·울산권	부산광역시, 울산광역시, 경상남도 양산시·김해시·진해시	부산광역시, 울산광역시, 경상남도 양산시·김해시·진해시	부산광역시, 울산광역시, 경상남도 양산시·김해시·진해시(통합제외)·창원시(추가)	부산광역시, 울산광역시, 경상남도 양산시·김해시·창원시	부산광역시, 울산광역시, 경상남도 양산시·김해시·창원시	부산광역시, 울산광역시, 경상남도 양산시·김해시·창원시·거제시·밀양시, 경상북도 경주시
대구권	대구광역시, 경상북도 경산시·영천시·군위군·청도군·고령군·성주군·칠곡군, 경상남도 창녕군	대구광역시, 경상북도 경산시·영천시·군위군·청도군·고령군·성주군·칠곡군, 경상남도 창녕군	대구광역시, 경상북도 경산시·영천시·군위군·청도군·고령군·성주군·칠곡군, 경상남도 창녕군	대구광역시, 경상북도 구미시(추가)·경산시·영천시·군위군·청도군·고령군·성주군·칠곡군, 경상남도 창녕군	대구광역시, 경상북도 구미시·경산시·영천시·군위군·청도군·고령군·성주군·칠곡군, 경상남도 창녕군	대구광역시, 경상북도 구미시·경산시·영천시·군위군(통합제외)·청도군·고령군·성주군·칠곡군·의성군·청송군, 경상남도 창녕군
광주권	광주광역시, 전라남도 나주시·담양군·화순군·함평군·장성군	광주광역시, 전라남도 나주시·담양군·화순군·함평군·장성군	광주광역시, 전라남도 나주시·담양군·화순군·함평군·장성군	광주광역시, 전라남도 나주시·담양군·화순군·함평군·장성군	광주광역시, 전라남도 나주시·담양군·화순군·함평군·장성군	광주광역시, 전라남도 나주시·담양군·화순군·함평군·장성군

<부표 2-1>의 계속

권역별	2000년	2005년	2010년	2015년	2020년	2024년
대전권	대전광역시, 충청남도 공주시 · 논산시 · 금산군 · 연기군, 충청북도 청주시 · 보은군 · 청원군 · 옥천군	대전광역시, 충청남도 공주시 · 논산시 · 계룡시(추가) 금산군 · 연기군, 충청북도 청주시 · 보은군 · 청원군 · 옥천군	대전광역시, 충청남도 공주시 · 논산시 · 계룡시 · 금산군 · 연기군, 충청북도 청주시 · 보은군 · 청원군 · 옥천군	대전광역시, 세종특별자치시(추가), 충청남도 공주시 · 논산시 · 계룡시 · 금산군 · 연기군(통합 제외), 충청북도 청주시 · 보은군 · 청원군(통합 제외) · 옥천군	대전광역시, 세종특별자치시, 충청남도 공주시 · 논산시 · 계룡시 · 금산군, 충청북도 청주시 · 보은군 · 옥천군	대전광역시, 세종특별자치시, 충청남도 공주시 · 논산시 · 계룡시 · 금산군, 충청북도 청주시 · 보은군 · 옥천군

자료: 국가법령정보센터, 연도별 「대도시권 광역교통관리에 관한 특별법 시행령」 별표1 대도시권의 범위[제2조 관련](https://www.law.go.kr/, 검색일: 2024. 2. 21).

3. 연도별 커뮤니티 분석 결과

<부표 3-1> 커뮤니티 분석 결과(2000년)

2000년

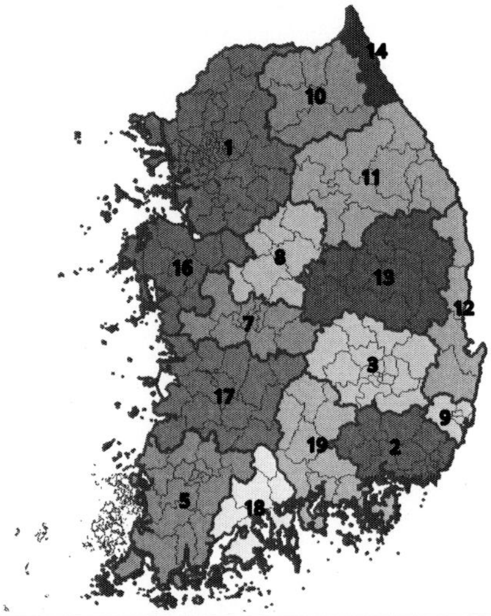

커뮤니티	시군구명
수도권 (A)-1	철원, 가평, 고양, 과천, 광명, 광주, 구리, 군포, 김포, 남양주, 동두천, 부천, 성남, 수원, 시흥, 안산, 안성, 안양, 양주, 양평, 여주, 연천, 오산, 용인, 의왕, 의정부, 이천, 파주, 평택, 포천, 하남, 화성, 강남, 강동, 강북, 강서, 관악, 광진, 구로, 금천, 노원, 도봉, 동대문, 동작, 마포, 서대문, 서초, 성동, 성북, 송파, 양천, 영등포, 용산, 은평, 종로, 서울중구, 중랑, 강화, 계양, 인천남동구, 인천동구, 미추홀구, 부평구, 인천서구, 연수구, 옹진구, 인천중구
부산・경남1권 (B)-2	김해, 밀양, 양산, 의령, 창녕, 창원, 함안, 부산강서구, 금정, 기장, 부산남구, 부산동구, 동래, 부산진, 부산북구, 부산사상구, 사하, 부산서구, 수영, 연제, 영도, 부산중구, 해운대
대구・경북1권 (C)-3	경산, 고령, 군위, 성주, 영천, 청도, 대구남구, 달서, 달성, 대구동구, 대구북구, 대구서구, 수성, 대구중구, **구미, 김천, 칠곡**
광주・전남1권 (E)-5	광산, 광주남구, 광주동구, 광주북구, 광주서구, 곡성, 나주, 담양, 영광, 장성, 함평, 화순, **강진, 목포, 무안, 영암, 완도, 장흥, 진도, 해남**
대전・충남1권 (G)-7	대덕, 대전동구, 대전서구, 유성, 대전중구, 계룡, 공주, 금산, 논산, 부여, 영동, 옥천
충북2권 (H)-8	**연기(세종)**, 괴산, 보은, 음성, 증평, 진천, 청주, 충주

<부표 **3-1**>의 계속

커뮤니티	시군구명
울산・포항・경주권 (I)-9	울산남구, 울산동구, 울산북구, 울주, 울산중구
강원2권(J)-10	양구, 인제, 춘천, 홍천, 화천
강원3・충북3권 (K)-11	강릉, 동해, 삼척, 영월, **원주,** 정선, 태백, 평창, **횡성,** 단양, 제천
포항・경주・경북4권 (L)-12	**영덕, 울진, 포항, 경주**
경북3권(M)-13	문경, 봉화, 상주, 안동, 영양, 영주, 예천, 의성, 청송
강원4권(N)-14	고성, 속초, 양양
충남2권(P)-16	**아산, 천안,** 당진, 보령, 서산, 예산, **청양,** 태안, 홍성
전북1권(Q)-17	고창, 군산, 김제, 남원, 부안, 순창, 완주, 익산, 임실, 장수, 전주, 정읍, 진안, 서천, **무주**
전남2권(R)-18	고흥, 광양, 구례, 보성, 순천, 여수
경남2권(S)-19	거제, 거창, 고성, 남해, 사천, 산청, 진주, 통영, 하동, 함양, 합천

주: 1) 2000~20년 동안 속한 통근 커뮤니티가 변경된 시군구는 볼드 표시함.
2) 커뮤니티는 커뮤니티명(코드)-지도 내 순번으로 구성됨.

<부표 3-2> 커뮤니티 분석 결과(2005년)

2005년

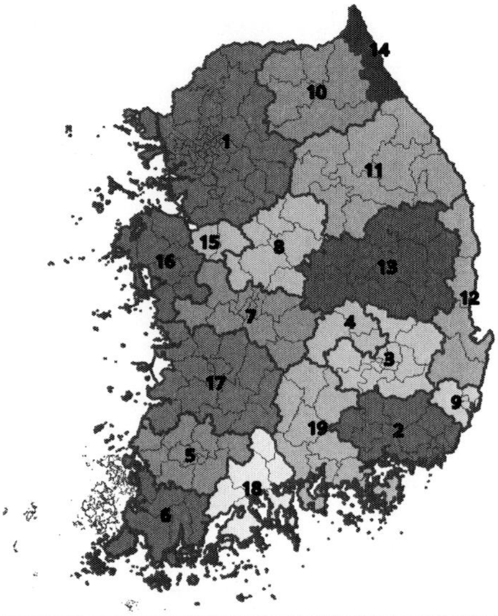

커뮤니티	시군구명
수도권(A)-1	철원, 가평, 고양, 과천, 광명, 광주, 구리, 군포, 김포, 남양주, 동두천, 부천, 성남, 수원, 시흥, 안산, 안성, 안양, 양주, 양평, 여주, 연천, 오산, 용인, 의왕, 의정부, 이천, 파주, 평택, 포천, 하남, 화성, 강남, 강동, 강북, 강서, 관악, 광진, 구로, 금천, 노원, 도봉, 동대문, 동작, 마포, 서대문, 서초, 성동, 성북, 송파, 양천, 영등포, 용산, 은평, 종로, 서울중구, 중랑, 강화, 계양, 인천남동구, 인천동구, 미추홀구, 부평구, 인천서구, 연수구, 옹진구, 인천중구
부산・경남1권(B)-2	김해, 밀양, 양산, 의령, 창녕, 창원, 함안, 부산강서구, 금정, 기장, 부산남구, 부산동구, 동래, 부산진, 부산북구, 부산사상구, 사하, 부산서구, 수영, 연제, 영도, 부산중구, 해운대
대구・경북1권(C)-3	경산, 고령, 군위, 성주, 영천, 청도, 대구남구, 달서, 달성, 대구동구, 대구북구 ,대구서구, 수성, 대구중구
경북5권(D)-4	구미, 김천, 칠곡
광주・전남1권(E)-5	광산, 광주남구, 광주동구, 광주북구, 광주서구, 곡성, 나주, 담양, 영광, 장성, 함평, 화순
전남3권(F)-6	**강진, 목포, 무안, 영암, 완도, 장흥, 진도, 해남**
대전・충남1권(G)-7	대덕, 대전동구, 대전서구, 유성, 대전중구, **무주**, 계룡, 공주, 금산, 논산, 부여, 영동, 옥천
충북2권(H)-8	**연기(세종)**, 괴산, 보은, 음성, 증평, 진천, 청주, 충주

<부표 3-2>의 계속

커뮤니티	시군구명
울산 · 포항 · 경주권 (I)-9	울산남구, 울산동구, 울산북구, 울주, 울산중구
강원2권(J)-10	양구, 인제, 춘천, 홍천, 화천
강원3 · 충북3권 (K)-11	강릉, 동해, 삼척, 영월, **원주,** 정선, 태백, 평창, **횡성**, 단양, 제천
포항 · 경주 · 경북4권 (L)-12	**영덕, 울진, 포항, 경주**
경북3권(M)-13	문경, 봉화, 상주, 안동, 영양, 영주, 예천, 의성, 청송
강원4권(N)-14	고성, 속초, 양양
천안 · 아산권(O)-15	**아산, 천안**
충남2권(P)-16	당진, 보령, 서산, 예산, **청양,** 태안, 홍성
전북1권(Q)-17	고창, 군산, 김제, 남원, 부안, 순창, 완주, 익산, 임실, 장수, 전주, 정읍, 진안, 서천
전남2권(R)-18	고흥, 광양, 구례, 보성, 순천, 여수
경남2권(S)-19	거제, 거창, 고성, 남해, 사천, 산청, 진주, 통영, 하동, 함양, 합천

주: 1) 2000~20년 동안 속한 통근 커뮤니티가 변경된 시군구는 볼드 표시함.
2) 커뮤니티는 커뮤니티명(코드)-지도 내 순번으로 구성됨.

<부표 3-3> 커뮤니티 분석 결과(2010년)

2010년

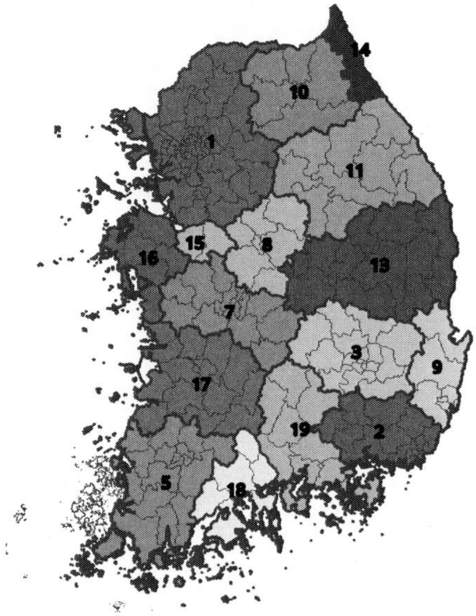

구분	시군구명
수도권(A)-1	철원, 가평, 고양, 과천, 광명, 광주, 구리, 군포, 김포, 남양주, 동두천, 부천, 성남, 수원, 시흥, 안산, 안성, 안양, 양주, 양평, 여주, 연천, 오산, 용인, 의왕, 의정부, 이천, 파주, 평택, 포천, 하남, 화성, 강남, 강동, 강북, 강서, 관악, 광진, 구로, 금천, 노원, 도봉, 동대문, 동작, 마포, 서대문, 서초, 성동, 성북, 송파, 양천, 영등포, 용산, 은평, 종로, 서울중구, 중랑, 강화, 계양, 인천남동구, 인천동구, 미추홀구, 부평구, 인천서구, 연수구, 옹진구, 인천중구
부산·경남1권 (B)-2	김해, 밀양, 양산, 의령, 창녕, 창원, 함안, 부산강서구, 금정, 기장, 부산남구, 부산동구, 동래, 부산진, 부산북구, 부산사상구, 사하, 부산서구, 수영, 연제, 영도, 부산중구, 해운대
대구·경북1권 (C)-3	경산, 고령, 군위, 성주, 영천, 청도, 대구남구, 달서, 달성, 대구동구, 대구북구, 대구서구, 수성, 대구중구, **구미, 김천, 칠곡**
광주·전남1권 (E)-5	광산,광주남구, 광주동구, 광주북구, 광주서구, 곡성, 나주, 담양, 영광, 장성, 함평, 화순, **강진, 목포, 무안, 영암, 완도, 장흥, 진도, 해남**
대전·충남1권 (G)-7	대덕, 대전동구, 대전서구, 유성, 대전중구, **무주**, 계룡, 공주, 금산, 논산, 부여, 영동, 옥천, **연기(세종), 청양**
충북2권(H)-8	괴산, 보은, 음성, 증평, 진천, 청주, 충주
울산·포항·경주권(I)-9	울산남구, 울산동구, 울산북구, 울주, 울산중구, **경주, 포항**
강원2권(J)-10	양구, 인제, 춘천, 홍천, 화천

<부표 3-3>의 계속

구분	시군구명
강원3권 · 충북3권(K)-11	강릉, 동해, 삼척, 영월, **원주,** 정선, 태백, 평창, **횡성,** 단양, 제천
경북3권(M)-13	**영덕, 울진,** 문경, 봉화, 상주, 안동, 영양, 예천, 의성, 청송
강원4권(N)-14	고성, 속초, 양양
천안 · 아산권(O)-15	**아산, 천안**
충남2권(P)-16	당진, 보령, 서산, 예산, 태안, 홍성
전북1권(Q)-17	고창, 군산, 김제, 남원, 부안, 순창, 완주, 익산, 임실, 장수, 전주, 정읍, 진안, 서천
전남2권(R)-18	고흥, 광양, 구례, 보성, 순천, 여수
경남2권(S)-19	거제, 거창, 고성, 남해, 사천, 산청, 진주, 통영, 하동, 함양, 합천

주: 1) 2000~20년 동안 속한 통근 커뮤니티가 변경된 시군구는 찐한 볼드 표시함.
2) 커뮤니티는 커뮤니티명(코드)-지도 내 순번으로 구성됨.

<부표 3-4> 커뮤니티 분석 결과(2015년)

2015년

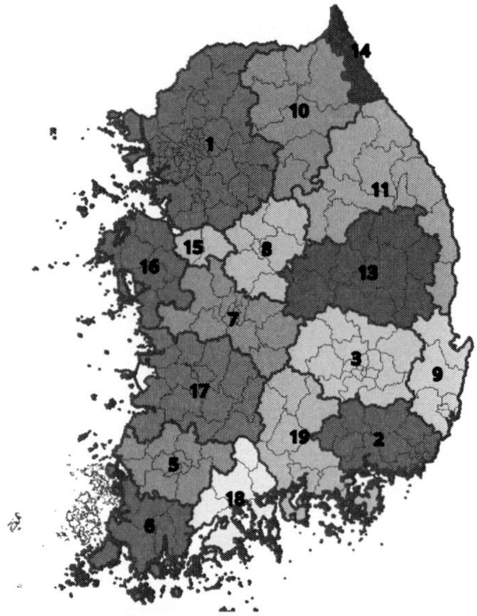

커뮤니티	시군구명
수도권(A)-1	철원, 가평, 고양, 과천, 광명, 광주, 구리, 군포, 김포, 남양주, 동두천, 부천, 성남, 수원, 시흥, 안산, 안성, 안양, 양주, 양평, 여주, 연천, 오산, 용인, 의왕, 의정부, 이천, 파주, 평택, 포천, 하남, 화성, 강남, 강동, 강북, 강서, 관악, 광진, 구로, 금천, 노원, 도봉, 동대문, 동작, 마포, 서대문, 서초, 성동, 성북, 송파, 양천, 영등포, 용산, 은평, 종로, 서울중구, 중랑, 강화, 계양, 인천남동구, 인천동구, 미추홀구, 부평구, 인천서구, 연수구, 옹진구, 인천중구
부산・경남1권(B)-2	김해, 밀양, 양산, 의령, 창녕, 칭원, 힘안, 부산강서구, 금정, 기장, 부산남구, 부산동구, 동래, 부산진, 부산북구, 부산사상구, 사하, 부산서구, 수영, 연제, 영도, 부산중구, 해운대
대구・경북1권(C)-3	경산, 고령, 군위, 성주, 영천, 청도, 대구남구, 달서, 달성, 대구동구, 대구북구, 대구서구, 수성, 대구중구, **구미, 김천, 칠곡**
광주・전남1권(E)-5	광산, 광주남구, 광주동구, 광주북구, 광주서구, 곡성, 나주, 담양, 영광, 장성, 함평, 화순
전남3권(F)-6	**강진, 목포, 무안, 영암, 완도, 장흥, 진도, 해남**
대전・충남1권(G)-7	대덕, 대전동구, 대전서구, 유성, 대전중구, **무주,** 계룡, 공주, 금산, 논산, 부여, 영동, 옥천, **세종**
충북2권(H)-8	괴산, 보은, 음성, 증평, 진천, 청주, 충주
울산・포항・경주권 (I)-9	울산남구, 울산동구, 울산북구, 울주, 울산중구, **경주, 포항**

<부표 3-4>의 계속

커뮤니티	시군구명
강원2권(J)-10	양구, 인제, 춘천, 홍천, 화천, **원주, 횡성**
강원3 · 충북3권(K)-11	강릉, 동해, 삼척, 영월, 정선, 태백, 평창, 단양, 제천, **영덕, 울진**
경북3권(M)-13	문경, 봉화, 상주, 안동, 영양, 영주, 예천, 의성, 청송
강원4권(N)-14	고성, 속초, 양양
천안 · 아산권(O)-15	**아산, 천안**
충남2권(P)-16	당진, 보령, 서산, 예산, **청양,** 태안, 홍성
전북1권(Q)-17	고창, 군산, 김제, 남원, 부안, 순창, 완주, 익산, 임실, 장수, 전주, 정읍, 진안, 서천
전남2권(R)-18	고흥, 광양, 구례, 보성, 순천, 여수
경남2권(S)-19	거제, 거창, 고성, 남해, 사천, 산청, 진주, 통영, 하동, 함양, 합천

주: 1) 2000~20년 동안 속한 통근 커뮤니티가 변경된 시군구는 볼드 표시함.
2) 커뮤니티는 커뮤니티명(코드)-지도 내 순번으로 구성됨.

4. 연도별 커뮤니티 그룹에 따른 시군구의 수

<부표 4-1> 커뮤니티 그룹에 따른 시군구의 수(2000년)

	수도권 (A)	부산·경남 1권 (B)	대구·경북 1권 (C)	경북 5권 (D)	광주·전남 1권 (E)	전남 3권 (F)	대전·충남 1권 (G)	충북 2권 (H)	울산·포항·경주권 (I)	강원 2권 (J)	강원3·충북 3권 (K)	포항·경주·경북 4권 (L)	경북 3권 (M)	강원 4권 (N)	천안·아산권 (O)	충남 2권 (P)	전북 1권 (Q)	전남 2권 (R)	경남 2권 (S)	합계
서울	25																			25
부산		16																		16
대구			8																	8
인천	10																			10
광주					5															5
대전							5													5
울산									5											5
세종								1												1
경기	31																			31
강원	1									5	9			3						18
충북							2	7			2									11
충남							5								-	9	1			15
전북																	14			14
전남					15	-												6		21
경북			9	-								4	9							22
경남		7																	11	18
합계	67	23	17	-	20	-	12	8	5	5	11	4	9	3	-	9	15	6	11	225

<부표 4-2> 커뮤니티 그룹에 따른 시군구의 수(2005년)

	수도권 (A)	부산·경남1권 (B)	대구·경북1권 (C)	경북5권 (D)	광주·전남1권 (E)	전남3권 (F)	대전·충남1권 (G)	충북2권 (H)	울산·포항·경주권 (I)	강원2권 (J)	강원3·충북3권 (K)	포항·경주·경북4권 (L)	경북3권 (M)	강원4권 (N)	천안·아산권 (O)	충남2권 (P)	전북1권 (Q)	전남2권 (R)	경남2권 (S)	합계
서울	25																			25
부산		16																		16
대구			8																	8
인천	10																			10
광주					5															5
대전							5													5
울산									5											5
세종								1												1
경기	31																			31
강원	1									5	9			3						18
충북							2	7			2									11
충남							5								2	7	1			15
전북							1										13			14
전남					7	8												6		21
경북			6	3								4	9							22
경남		7																	11	18
합계	67	23	14	3	12	8	13	8	5	5	11	4	9	3	2	7	14	6	11	225

<부표 4-3> 커뮤니티 그룹에 따른 시군구의 수(2010년)

	수도권 (A)	부산·경남 1권 (B)	대구·경북 1권 (C)	경북 5권 (D)	광주·전남 1권 (E)	전남 3권 (F)	대전·충남 1권 (G)	충북 2권 (H)	울산·포항·경주권 (I)	강원 2권 (J)	강원3·충북 3권 (K)	포항·경주·경북 4권 (L)	경북 3권 (M)	강원 4권 (N)	천안·아산권 (O)	충남 2권 (P)	전북 1권 (Q)	전남 2권 (R)	경남 2권 (S)	합계
서울	25																			25
부산		16																		16
대구			8																	8
인천	10																			10
광주					5															5
대전							5													5
울산									5											5
세종							1													1
경기	31																			31
강원	1									5	9			3						18
충북							2	7			2									11
충남							6								2	6	1			15
전북							1										13			14
전남					15	-												6		21
경북			9	-					2				11							22
경남		7																	11	18
합계	67	23	17	-	20	-	15	7	7	5	11	-	11	3	2	6	14	6	11	225

<부표 4-4> 커뮤니티 그룹에 따른 시군구의 수(2015년)

	수도권 (A)	부산·경남 1권 (B)	대구·경북 1권 (C)	경북 5권 (D)	광주·전남 1권 (E)	전남 3권 (F)	대전·충남 1권 (G)	충북 2권 (H)	울산·포항·경주권 (I)	강원 2권 (J)	강원3·충북 3권 (K)	포항·경주·경북 4권 (L)	경북 3권 (M)	강원 4권 (N)	천안·아산권 (O)	충남 2권 (P)	전북 1권 (Q)	전남 2권 (R)	경남 2권 (S)	합계
서울	25																			25
부산		16																		16
대구			8																	8
인천	10																			10
광주					5															5
대전							5													5
울산									5											5
세종							1													1
경기	31																			31
강원	1									7	7			3						18
충북							2	7			2									11
충남							5								2	7	1			15
전북							1										13			14
전남					7	8												6		21
경북			9	-					2		2	-	9							22
경남		7																	11	18
합계	67	23	17	-	12	8	14	7	7	7	11	-	9	3	2	7	14	6	11	225

5. 연결중심성 지수

가. 유입 연결중심성 지수

<부표 5-1> 연도별 · 도시별 유입 연결중심성 지수

시군구명		2000년	2005년	2010년	2015년	2020년
서울특별시	종로구	19,392	21,736	19,736	39,254	34,067
서울특별시	중구	25,375	30,047	27,050	51,280	43,275
서울특별시	용산구	9,887	10,121	9,388	17,566	16,895
서울특별시	성동구	7,746	7,624	7,309	16,114	16,878
서울특별시	광진구	5,233	6,394	6,273	11,716	9,839
서울특별시	동대문구	14,558	10,812	9,891	16,964	13,657
서울특별시	중랑구	3,805	4,031	3,920	6,905	6,148
서울특별시	성북구	5,088	5,612	5,327	9,485	9,035
서울특별시	강북구	3,052	3,711	3,545	6,130	5,294
서울특별시	도봉구	3,645	3,448	3,151	5,579	4,934
서울특별시	노원구	4,982	5,617	5,178	9,497	8,542
서울특별시	은평구	3,571	3,964	3,778	6,383	6,038
서울특별시	서대문구	6,949	6,955	6,533	12,728	11,132
서울특별시	마포구	8,943	10,970	12,340	26,617	26,593
서울특별시	양천구	5,125	6,694	5,818	9,951	8,663
서울특별시	강서구	7,884	7,377	7,542	15,604	19,510
서울특별시	구로구	9,925	11,603	11,766	23,454	21,266
서울특별시	금천구	4,143	6,612	9,100	21,178	20,065
서울특별시	영등포구	22,826	22,919	21,972	43,014	39,678
서울특별시	동작구	4,592	6,465	5,716	11,009	9,568
서울특별시	관악구	5,107	5,476	5,293	9,624	8,451
서울특별시	서초구	16,743	23,823	23,598	45,717	42,692
서울특별시	강남구	42,974	49,058	48,773	93,781	90,690
서울특별시	송파구	11,309	13,465	12,569	26,072	28,617
서울특별시	강동구	5,273	5,692	5,391	10,987	10,082
부산광역시	중구	6,081	5,602	4,854	8,809	6,642
부산광역시	서구	2,530	2,362	2,190	3,940	4,248
부산광역시	동구	4,265	4,983	4,268	7,372	6,277

<부표 5-1>의 계속

시군구명		2000년	2005년	2010년	2015년	2020년
부산광역시	영도구	1,625	1,751	1,668	3,299	3,398
부산광역시	부산진구	7,975	8,007	7,189	12,949	12,516
부산광역시	동래구	4,709	4,160	3,734	7,055	6,395
부산광역시	남구	3,169	3,306	2,875	6,017	6,223
부산광역시	북구	2,804	1,958	1,951	3,703	3,831
부산광역시	해운대구	2,712	3,454	4,573	9,590	9,174
부산광역시	사하구	4,047	4,031	3,854	6,917	6,457
부산광역시	금정구	3,530	3,897	3,295	6,396	6,427
부산광역시	강서구	2,508	5,209	6,352	14,689	14,229
부산광역시	연제구	3,135	4,172	4,099	7,526	6,878
부산광역시	수영구	1,641	2,327	2,254	3,926	4,025
부산광역시	사상구	5,893	7,099	6,285	11,687	9,117
부산광역시	기장군	1,187	1,505	2,094	4,842	5,473
대구광역시	중구	6,169	6,560	5,344	11,008	7,500
대구광역시	동구	3,254	3,569	3,342	7,453	6,608
대구광역시	서구	3,336	3,551	3,166	6,171	4,656
대구광역시	남구	2,664	2,859	2,366	4,856	4,009
대구광역시	북구	5,355	6,176	5,500	11,502	7,754
대구광역시	수성구	3,466	4,690	4,207	8,608	7,406
대구광역시	달서구	5,101	6,791	6,303	14,070	10,764
대구광역시	달성군	1,864	2,665	2,862	7,637	5,777
인천광역시	중구	3,541	6,586	5,906	12,578	10,867
인천광역시	동구	2,283	2,639	2,216	4,159	3,353
인천광역시	미추홀구 (남구)	5,251	5,810	4,869	9,140	7,854
인천광역시	연수구	1,851	3,015	3,836	8,647	9,026
인천광역시	남동구	7,014	10,640	9,224	17,836	14,429
인천광역시	부평구	5,456	6,667	6,210	12,206	10,710
인천광역시	계양구	2,237	3,790	3,535	6,116	5,376
인천광역시	서구	4,121	6,463	6,525	12,818	13,748
인천광역시	강화군	861	812	978	1,449	1,242
인천광역시	옹진군	311	257	373	582	580
광주광역시	동구	4,039	4,381	2,941	5,825	3,940
광주광역시	서구	2,515	4,445	4,194	9,096	6,638

<부표 5-1>의 계속

시군구명		2000년	2005년	2010년	2015년	2020년
광주광역시	남구	1,394	1,760	1,694	3,294	2,725
광주광역시	북구	2,998	4,116	3,439	6,837	5,466
광주광역시	광산구	3,103	4,831	4,368	9,504	7,336
대전광역시	동구	2,667	3,240	3,064	5,801	4,631
대전광역시	중구	3,079	4,463	3,872	6,309	4,675
대전광역시	서구	3,111	5,077	5,370	10,789	9,267
대전광역시	유성구	2,951	4,820	5,640	12,712	10,910
대전광역시	대덕구	3,276	4,956	4,367	8,292	6,689
울산광역시	중구	1,451	1,549	1,397	3,137	3,359
울산광역시	남구	5,054	5,767	5,702	11,197	10,086
울산광역시	동구	1,815	1,797	2,292	5,763	4,017
울산광역시	북구	2,796	4,036	3,816	7,652	6,960
울산광역시	울주군	2,461	3,503	4,275	8,271	8,378
세종특별자치시		1,024	1,169	1,625	6,918	6,932
경기도	수원시	8,233	8,847	8,257	22,334	23,415
경기도	성남시	7,523	10,632	9,568	31,614	35,182
경기도	의정부시	3,715	3,483	3,621	6,750	6,445
경기도	안양시	8,164	8,596	6,638	18,148	18,241
경기도	부천시	7,935	8,751	4,687	17,318	17,315
경기도	광명시	3,131	3,608	3,417	7,366	8,073
경기도	평택시	2,938	4,579	4,850	12,477	15,677
경기도	동두천시	1,012	948	1,161	2,157	1,895
경기도	안산시	7,879	7,893	7,297	16,686	15,094
경기도	고양시	6,535	7,863	6,130	15,659	14,713
경기도	과천시	2,499	2,585	2,765	4,766	4,908
경기도	구리시	2,991	2,992	3,058	5,824	5,045
경기도	남양주시	2,768	3,289	3,903	8,004	9,729
경기도	오산시	2,081	2,267	2,057	4,839	4,925
경기도	시흥시	5,092	7,769	7,200	15,593	14,450
경기도	군포시	3,285	4,048	3,876	8,184	8,298
경기도	의왕시	1,775	2,249	2,530	5,303	5,786
경기도	하남시	2,022	2,716	2,817	6,301	7,484
경기도	용인시	6,592	8,952	7,217	19,453	21,218
경기도	파주시	2,449	3,670	5,036	9,748	10,941

<부표 5-1>의 계속

시군구명		2000년	2005년	2010년	2015년	2020년
경기도	이천시	1,918	2,023	2,488	6,176	8,631
경기도	안성시	1,449	1,752	2,342	5,034	5,330
경기도	김포시	4,530	4,177	4,820	10,957	12,077
경기도	화성시	4,499	10,450	12,374	32,850	35,227
경기도	광주시	3,539	4,030	4,263	8,871	8,574
경기도	양주시	1,981	2,411	2,684	5,807	6,834
경기도	포천시	2,521	2,539	2,860	6,035	6,053
경기도	여주시	850	1,015	1,296	2,132	2,488
경기도	연천군	492	597	690	1,400	1,456
경기도	가평군	598	814	923	1,581	1,633
경기도	양평군	780	767	847	1,716	1,574
강원도	춘천시	676	667	944	1,874	2,030
강원도	원주시	935	930	1,230	2,451	2,464
강원도	강릉시	690	630	733	1,416	1,577
강원도	동해시	384	294	419	1,031	861
강원도	태백시	314	217	297	465	414
강원도	속초시	448	334	525	956	1,084
강원도	삼척시	321	455	552	1,471	1,301
강원도	홍천군	500	508	687	1,457	1,244
강원도	횡성군	588	614	685	1,324	1,219
강원도	영월군	315	327	494	770	812
강원도	평창군	300	406	568	1,232	910
강원도	정선군	202	500	622	1,392	1,844
강원도	철원군	369	311	300	712	676
강원도	화천군	206	243	330	675	547
강원도	양구군	135	92	147	345	300
강원도	인제군	186	147	271	627	555
강원도	고성군	218	353	423	1,007	998
강원도	양양군	281	375	402	762	782
충청북도	충주시	774	681	1,094	2,013	1,889
충청북도	제천시	592	557	871	1,530	1,203
충청북도	청주시	1,950	2,113	2,682	6,580	6,530
충청북도	보은군	266	367	393	833	858
충청북도	옥천군	534	718	714	1,447	1,338

<부표 5-1>의 계속

시군구명		2000년	2005년	2010년	2015년	2020년
충청북도	영동군	450	315	569	860	814
충청북도	진천군	823	1,410	1,766	3,855	4,637
충청북도	괴산군	489	441	753	1,319	1,260
충청북도	음성군	1,317	1,457	2,241	4,764	4,953
충청북도	단양군	396	406	515	911	946
충청북도	증평군	150	449	592	1,156	1,389
충청남도	천안시	4,841	8,329	4,742	10,531	8,727
충청남도	공주시	942	991	1,201	2,727	2,617
충청남도	보령시	438	486	546	1,252	1,082
충청남도	아산시	1,925	3,192	4,043	9,747	10,406
충청남도	서산시	682	781	1,057	2,028	2,336
충청남도	논산시	1,167	996	1,514	3,066	2,778
충청남도	계룡시	94	575	639	1,193	1,137
충청남도	당진시	636	878	1,707	3,198	3,067
충청남도	금산군	737	868	1,189	2,285	2,061
충청남도	부여군	538	427	636	1,185	991
충청남도	서천군	369	456	530	1,014	961
충청남도	청양군	250	285	386	768	730
충청남도	홍성군	551	522	643	1,577	1,522
충청남도	예산군	522	580	711	1,492	1,853
충청남도	태안군	351	404	522	1,201	961
전라북도	전주시	1,885	1,979	2,156	4,810	4,160
전라북도	군산시	834	1,059	1,500	2,625	1,853
전라북도	익산시	1,333	1,290	1,749	3,254	3,251
전라북도	정읍시	546	620	741	1,283	1,291
전라북도	남원시	449	444	516	949	869
전라북도	김제시	846	908	1,134	2,092	2,196
전라북도	완주군	864	1,606	2,094	4,457	3,934
전라북도	진안군	373	307	324	633	585
전라북도	무주군	251	255	257	489	412
전라북도	장수군	185	214	260	423	339
전라북도	임실군	310	402	486	887	751
전라북도	순창군	175	278	305	561	550
전라북도	고창군	306	345	452	688	729

<부표 5-1>의 계속

시군구명		2000년	2005년	2010년	2015년	2020년
전라북도	부안군	324	335	441	689	827
전라남도	목포시	719	574	933	1,915	1,823
전라남도	여수시	728	711	984	2,424	3,131
전라남도	순천시	810	816	937	2,013	2,100
전라남도	나주시	1,034	1,140	1,276	3,658	2,911
전라남도	광양시	1,241	1,395	1,599	3,092	2,378
전라남도	담양군	709	753	870	1,610	1,578
전라남도	곡성군	447	497	506	972	877
전라남도	구례군	179	191	230	433	404
전라남도	고흥군	269	191	288	502	509
전라남도	보성군	291	375	345	665	725
전라남도	화순군	703	701	827	1,486	1,577
전라남도	장흥군	218	196	238	445	470
전라남도	강진군	223	195	232	453	557
전라남도	해남군	289	349	424	846	818
전라남도	영암군	711	1,271	1,972	4,400	2,804
전라남도	무안군	588	954	1,033	2,157	1,993
전라남도	함평군	340	385	391	743	805
전라남도	영광군	501	383	439	787	787
전라남도	장성군	587	678	802	1,578	1,449
전라남도	완도군	212	156	166	298	280
전라남도	진도군	99	126	120	245	276
경상북도	포항시	1,330	1,128	1,381	2,347	1,634
경상북도	경주시	1,388	1,748	2,520	4,978	4,596
경상북도	김천시	626	631	766	2,201	1,559
경상북도	안동시	440	441	671	1,201	1,781
경상북도	구미시	4,469	6,942	6,321	7,500	6,067
경상북도	영주시	320	358	497	824	781
경상북도	영천시	869	1,066	1,164	2,762	2,282
경상북도	상주시	464	442	632	1,179	972
경상북도	문경시	303	246	417	815	775
경상북도	경산시	2,856	3,146	3,137	6,782	5,265
경상북도	군위군	298	300	404	781	780

<부표 5-1>의 계속

시군구명		2000년	2005년	2010년	2015년	2020년
경상북도	의성군	360	328	417	827	761
경상북도	청송군	241	251	292	579	497
경상북도	영양군	141	102	172	220	263
경상북도	영덕군	251	210	220	477	465
경상북도	청도군	363	382	539	1,024	792
경상북도	고령군	589	708	806	1,740	1,379
경상북도	성주군	551	660	745	1,882	1,903
경상북도	칠곡군	1,496	2,200	2,373	5,275	4,609
경상북도	예천군	239	285	426	740	759
경상북도	봉화군	205	228	369	888	753
경상북도	울진군	286	213	322	687	461
경상남도	진주시	1,001	928	1,154	2,294	2,291
경상남도	통영시	472	478	866	1,539	967
경상남도	사천시	797	840	1,334	2,748	2,393
경상남도	김해시	4,589	4,695	5,274	10,254	9,694
경상남도	밀양시	592	675	759	1,549	1,574
경상남도	거제시	568	776	1,484	4,040	2,385
경상남도	양산시	3,824	3,647	3,653	7,472	6,940
경상남도	창원시	3,279	3,882	3,781	9,581	7,899
경상남도	의령군	388	359	331	690	724
경상남도	함안군	979	1,104	1,524	3,933	3,934
경상남도	창녕군	475	492	667	1,501	1,516
경상남도	고성군	474	457	887	1,852	2,053
경상남도	남해군	176	162	241	457	495
경상남도	하동군	399	380	448	981	868
경상남도	산청군	401	399	367	827	757
경상남도	함양군	171	236	277	504	482
경상남도	거창군	233	170	318	555	523
경상남도	합천군	289	247	443	710	644

주: 수원, 성남, 안양, 고양, 용인, 청주, 천안, 창원, 포항 등은 시구 단위 Zone을 통합하여 기초지자체 단위로 분석함.

나. 유출 연결중심성 지수

<부표 5-2> 연도별 · 도시별 유출 연결중심성 지수

시군구명		2000년	2005년	2010년	2015년	2020년
서울특별시	종로구	3,154	3,140	7,744	7,744	8,204
서울특별시	중구	2,415	2,482	5,803	5,803	8,014
서울특별시	용산구	4,766	5,609	11,547	11,547	11,016
서울특별시	성동구	7,437	8,693	14,386	14,386	11,423
서울특별시	광진구	8,552	10,482	18,098	18,098	16,566
서울특별시	동대문구	6,159	8,183	14,198	14,198	12,569
서울특별시	중랑구	9,907	10,452	18,232	18,232	17,134
서울특별시	성북구	10,026	10,971	20,306	20,306	15,863
서울특별시	강북구	7,373	8,150	14,516	14,516	12,237
서울특별시	도봉구	8,911	9,891	14,246	14,246	12,312
서울특별시	노원구	14,264	14,622	22,835	22,835	18,255
서울특별시	은평구	9,236	11,100	20,496	20,496	17,649
서울특별시	서대문구	7,420	9,207	13,347	13,347	13,316
서울특별시	마포구	7,722	9,368	16,452	16,452	13,704
서울특별시	양천구	11,486	12,023	20,084	20,084	16,037
서울특별시	강서구	10,572	13,374	23,489	23,489	20,746
서울특별시	구로구	8,769	11,028	21,166	21,166	20,054
서울특별시	금천구	5,919	6,228	13,036	13,036	12,617
서울특별시	영등포구	8,218	10,106	18,243	18,243	18,834
서울특별시	동작구	9,383	11,536	20,183	20,183	16,123
서울특별시	관악구	11,503	14,322	26,858	26,858	23,845
서울특별시	서초구	8,156	9,442	17,779	17,779	15,930
서울특별시	강남구	8,559	9,988	18,945	18,945	17,942
서울특별시	송파구	12,198	12,708	26,050	26,050	20,392
서울특별시	강동구	10,109	10,987	19,204	19,204	15,634
부산광역시	중구	949	1,134	3,485	3,485	3,527
부산광역시	서구	2,438	2,981	5,616	5,616	4,706
부산광역시	동구	2,207	2,558	5,601	5,601	5,534
부산광역시	영도구	2,978	2,931	4,497	4,497	3,648
부산광역시	부산진구	6,078	7,649	13,797	13,797	8,482
부산광역시	동래구	6,168	5,857	10,360	10,360	10,055

<부표 5-2>의 계속

시군구명		2000년	2005년	2010년	2015년	2020년
부산광역시	남구	5,310	5,982	10,287	10,287	8,973
부산광역시	북구	6,870	7,379	12,379	12,379	9,190
부산광역시	해운대구	7,342	7,754	13,121	13,121	15,575
부산광역시	사하구	5,293	5,891	9,882	9,882	8,390
부산광역시	금정구	5,291	4,999	9,771	9,771	7,278
부산광역시	강서구	570	663	2,962	2,962	3,504
부산광역시	연제구	4,588	4,721	8,720	8,720	9,234
부산광역시	수영구	3,866	4,190	7,554	7,554	6,996
부산광역시	사상구	4,562	5,114	8,082	8,082	7,834
부산광역시	기장군	969	903	4,571	4,571	5,846
대구광역시	중구	1,046	1,438	4,229	4,229	4,043
대구광역시	동구	5,090	6,130	11,008	11,008	6,648
대구광역시	서구	5,029	5,187	9,275	9,275	5,813
대구광역시	남구	3,348	3,667	6,984	6,984	4,887
대구광역시	북구	5,134	7,296	14,027	14,027	13,498
대구광역시	수성구	6,850	7,778	15,089	15,089	9,252
대구광역시	달서구	7,947	9,230	18,007	18,007	11,858
대구광역시	달성군	2,037	2,041	6,887	6,887	7,154
인천광역시	중구	1,060	1,543	4,631	4,631	4,570
인천광역시	동구	1,445	2,347	6,231	6,231	5,749
인천광역시	미추홀구 (남구)	6,584	9,891	15,125	15,125	12,861
인천광역시	연수구	6,685	6,738	13,011	13,011	14,033
인천광역시	남동구	6,904	7,572	17,602	17,602	15,490
인천광역시	부평구	9,860	12,635	21,105	21,105	20,422
인천광역시	계양구	6,432	7,316	15,450	15,450	14,894
인천광역시	서구	5,006	6,963	17,245	17,245	13,694
인천광역시	강화군	425	551	1,987	1,987	1,742
인천광역시	옹진군	0	55	312	312	555
광주광역시	동구	1,081	1,677	3,403	3,403	3,500
광주광역시	서구	4,313	5,539	8,548	8,548	6,433
광주광역시	남구	3,667	4,556	8,626	8,626	6,374
광주광역시	북구	5,672	7,302	12,480	12,480	8,254
광주광역시	광산구	2,360	4,031	8,251	8,251	6,098

<부표 5-2>의 계속

시군구명		2000년	2005년	2010년	2015년	2020년
대전광역시	동구	2,828	4,597	8,495	8,495	6,067
대전광역시	중구	3,766	5,135	9,060	9,060	6,349
대전광역시	서구	6,244	9,154	15,153	15,153	9,760
대전광역시	유성구	1,689	3,028	8,591	8,591	7,886
대전광역시	대덕구	3,234	3,788	7,083	7,083	6,331
울산광역시	중구	4,627	5,512	10,043	10,043	8,190
울산광역시	남구	2,877	4,039	8,123	8,123	7,193
울산광역시	동구	1,202	1,418	2,288	2,288	3,443
울산광역시	북구	1,336	2,017	6,010	6,010	6,420
울산광역시	울주군	1,783	2,084	5,690	5,690	5,026
세종특별자치시		614	726	7,425	7,425	8,343
경기도	수원시	12,555	16,661	36,599	36,599	39,075
경기도	성남시	17,394	17,590	36,113	36,113	43,381
경기도	의정부시	7,586	7,932	15,150	15,150	15,156
경기도	안양시	11,914	13,183	24,812	24,812	24,172
경기도	부천시	14,280	15,649	31,505	31,505	32,570
경기도	광명시	8,661	7,907	16,311	16,311	15,672
경기도	평택시	2,770	3,107	7,705	7,705	6,797
경기도	동두천시	1,106	1,306	3,403	3,403	5,013
경기도	안산시	6,982	9,071	18,557	18,557	18,613
경기도	고양시	15,081	14,986	33,622	33,622	36,697
경기도	과천시	2,078	2,099	7,401	7,401	10,831
경기도	구리시	3,805	4,595	8,367	8,367	10,349
경기도	남양주시	6,781	7,369	21,392	21,392	17,875
경기도	오산시	2,158	3,547	12,940	12,940	14,213
경기도	시흥시	6,081	6,501	13,725	13,725	14,954
경기도	군포시	6,908	7,151	14,813	14,813	12,426
경기도	의왕시	3,467	3,930	10,567	10,567	11,548
경기도	하남시	2,705	3,005	7,839	7,839	11,921
경기도	용인시	6,116	12,697	31,905	31,905	37,101
경기도	파주시	2,009	2,975	9,608	9,608	8,739
경기도	이천시	1,215	1,398	2,914	2,914	3,081
경기도	안성시	1,243	1,524	4,073	4,073	3,612
경기도	김포시	2,241	2,836	10,492	10,492	11,596

<부표 5-2>의 계속

시군구명		2000년	2005년	2010년	2015년	2020년
경기도	화성시	2,300	3,762	13,300	13,300	18,066
경기도	광주시	2,185	3,380	11,249	11,249	12,375
경기도	양주시	1,604	2,417	6,709	6,709	6,559
경기도	포천시	832	838	2,470	2,470	2,060
경기도	여주시	605	882	2,510	2,510	3,046
경기도	연천군	339	400	1,062	1,062	1,287
경기도	가평군	446	324	1,120	1,120	1,448
경기도	양평군	540	858	2,406	2,406	2,309
강원도	춘천시	980	1,017	3,052	3,052	1,906
강원도	원주시	1,089	1,251	3,347	3,347	3,010
강원도	강릉시	568	581	1,572	1,572	1,034
강원도	동해시	354	498	1,218	1,218	1,295
강원도	태백시	91	389	1,426	1,426	1,704
강원도	속초시	428	576	1,582	1,582	1,322
강원도	삼척시	273	197	791	791	736
강원도	홍천군	166	202	685	685	502
강원도	횡성군	121	187	768	768	903
강원도	영월군	137	131	515	515	534
강원도	평창군	46	75	236	236	338
강원도	정선군	49	115	259	259	293
강원도	철원군	137	189	538	538	643
강원도	화천군	77	91	358	358	418
강원도	양구군	40	50	203	203	182
강원도	인제군	50	59	207	207	223
강원도	고성군	173	119	408	408	484
강원도	양양군	190	176	530	530	571
충청북도	충주시	901	897	2,164	2,164	1,374
충청북도	제천시	703	684	1,779	1,779	1,727
충청북도	청주시	2,933	3,649	9,213	9,213	10,005
충청북도	보은군	73	129	308	308	391
충청북도	옥천군	307	466	834	834	936
충청북도	영동군	197	164	565	565	482
충청북도	진천군	415	508	1,556	1,556	2,044
충청북도	괴산군	149	203	823	823	713

<부표 5-2>의 계속

시군구명		2000년	2005년	2010년	2015년	2020년
충청북도	음성군	353	407	1,218	1,218	1,590
충청북도	단양군	155	142	534	534	480
충청북도	증평군	299	371	1,909	1,909	1,520
충청남도	천안시	2,595	3,741	10,012	10,012	11,224
충청남도	공주시	562	729	1,974	1,974	1,806
충청남도	보령시	285	362	823	823	733
충청남도	아산시	3,259	6,267	6,445	6,445	5,890
충청남도	서산시	367	457	1,322	1,322	1,061
충청남도	논산시	597	670	1,465	1,465	1,165
충청남도	계룡시	225	434	3,688	3,688	3,200
충청남도	당진시	270	374	1,061	1,061	1,454
충청남도	금산군	348	226	745	745	729
충청남도	부여군	237	288	891	891	724
충청남도	서천군	181	179	455	455	408
충청남도	청양군	159	207	563	563	497
충청남도	홍성군	249	267	1,112	1,112	1,519
충청남도	예산군	347	361	1,166	1,166	1,024
충청남도	태안군	122	124	411	411	437
전라북도	전주시	3,320	4,095	9,739	9,739	9,033
전라북도	군산시	673	888	1,982	1,982	1,945
전라북도	익산시	1,173	1,540	3,383	3,383	2,285
전라북도	정읍시	414	384	1,016	1,016	1,058
전라북도	남원시	256	399	797	797	776
전라북도	김제시	419	590	1,621	1,621	1,588
전라북도	완주군	910	982	2,700	2,700	2,473
전라북도	진안군	93	115	250	250	391
전라북도	무주군	65	45	221	221	317
전라북도	장수군	64	85	273	273	288
전라북도	임실군	176	219	459	459	529
전라북도	순창군	142	155	372	372	505
전라북도	고창군	81	145	351	351	416
전라북도	부안군	115	169	366	366	478
전라남도	목포시	1,162	1,949	5,136	5,136	3,669
전라남도	여수시	391	392	947	947	720

<부표 5-2>의 계속

시군구명		2000년	2005년	2010년	2015년	2020년
전라남도	순천시	1,762	1,956	4,391	4,391	3,888
전라남도	나주시	475	445	1,526	1,526	2,221
전라남도	광양시	454	428	1,570	1,570	2,525
전라남도	담양군	387	470	1,425	1,425	1,287
전라남도	곡성군	156	157	422	422	609
전라남도	구례군	123	82	293	293	482
전라남도	고흥군	61	75	187	187	285
전라남도	보성군	186	132	391	391	444
전라남도	화순군	885	629	1,319	1,319	1,183
전라남도	장흥군	114	115	269	269	384
전라남도	강진군	136	145	405	405	467
전라남도	해남군	97	127	280	280	374
전라남도	영암군	180	204	488	488	900
전라남도	무안군	182	208	1,649	1,649	1,652
전라남도	함평군	98	173	546	546	523
전라남도	영광군	113	135	274	274	466
전라남도	장성군	230	370	1,028	1,028	1,115
전라남도	완도군	25	20	138	138	187
전라남도	진도군	15	20	70	70	171
경상북도	포항시	689	738	2,519	2,519	2,252
경상북도	경주시	1,160	1,120	2,331	2,331	1,647
경상북도	김천시	683	740	1,777	1,777	1,450
경상북도	안동시	505	545	1,343	1,343	1,203
경상북도	구미시	765	1,214	3,465	3,465	2,470
경상북도	영주시	400	411	1,091	1,091	827
경상북도	영천시	536	518	881	881	1,146
경상북도	상주시	294	314	897	897	1,058
경상북도	문경시	332	305	953	953	876
경상북도	경산시	2,342	2,487	5,559	5,559	5,498
경상북도	군위군	149	165	393	393	492
경상북도	의성군	152	139	331	331	396
경상북도	청송군	53	58	187	187	206
경상북도	영양군	47	35	127	127	149

<부표 5-2>의 계속

시군구명		2000년	2005년	2010년	2015년	2020년
경상북도	영덕군	88	100	189	189	256
경상북도	청도군	182	214	551	551	590
경상북도	고령군	319	245	874	874	1,193
경상북도	성주군	164	197	434	434	729
경상북도	칠곡군	2,841	5,090	3,698	3,698	3,762
경상북도	예천군	81	140	402	402	1,390
경상북도	봉화군	74	78	325	325	336
경상북도	울진군	60	69	159	159	252
경상남도	진주시	1,634	1,883	5,240	5,240	3,803
경상남도	통영시	444	562	2,123	2,123	1,900
경상남도	사천시	591	670	1,796	1,796	2,178
경상남도	김해시	3,008	3,965	9,640	9,640	7,609
경상남도	밀양시	437	456	1,253	1,253	1,365
경상남도	거제시	131	179	630	630	966
경상남도	양산시	2,122	2,041	5,877	5,877	7,260
경상남도	창원시	2,952	3,249	10,179	10,179	11,249
경상남도	의령군	137	186	521	521	812
경상남도	함안군	380	429	1,472	1,472	1,764
경상남도	창녕군	254	270	995	995	1,211
경상남도	고성군	173	119	408	408	484
경상남도	남해군	65	53	274	274	374
경상남도	하동군	161	146	569	569	544
경상남도	산청군	183	193	561	561	492
경상남도	함양군	84	109	341	341	466
경상남도	거창군	121	170	389	389	292
경상남도	합천군	115	167	434	434	579

주: 수원, 성남, 안양, 고양, 용인, 청주, 천안, 창원, 포항 등은 시구 단위 Zone을 통합하여 기초지자체 단위로 분석함.

다. 메가시티 권역별 연결중심성 지수

<부표 5-3> 메가시티 권역별 연결중심성 지수 상위 5개 시군구(2000년)

	유입 연결중심성 지수	유출 연결중심성 지수
수도권(A)	서울특별시, 경기 수원, 경기 안양, 경기 부천, 경기 안산	경기 성남, 경기 고양, 경기 부천, 경기 수원, 경기 안양
부산・경남1권(B)	경남 김해, 경남 양산, 부산광역시, 경남 창원, 경남 함안	부산광역시, 경남 김해, 경남 창원, 경남 양산, 경남 밀양
대구・경북1권(C)	경북 구미, 대구광역시, 경북 경산, 경북 칠곡, 경북 영천	대구광역시, 경북 칠곡, 경북 경산, 경북 구미, 경북 김천
경북5권(D)	-	
광주・전남1권(E)	광주광역시, 전남 나주, 전남 목포, 전남 영암, 전남 담양	광주광역시, 전남 목포, 전남 화순, 전남 나주, 전남 담양
전남3권(F)	-	
대전・충남1권(G)	대전광역시, 충남 논산, 충남 공주, 충남 금산, 충남 부여	대전광역시, 충남 논산, 충남 공주, 충남 금산, 충북 옥천
충북2권(H)	충북 청주, 충북 음성, 세종, 충북 진천, 충북 충주	충북 청주, 충북 충주, 세종, 충북 진천, 충북 음성
울산・포항・경주권(I)	울산광역시	울산광역시
강원2권(J)	강원 춘천, 강원 홍천, 강원 화천, 강원 이제, 강원 양구	강원 춘천, 강원 홍천, 강원 화천, 강원 인제, 강원 양구
강원3・충북3권(K)	강원 원주, 강원 강릉, 충북 제천, 강원 횡성, 충북 단양	강원 원주, 충북 제천, 강원 강릉, 강원 동해, 강원 삼척
포항・경주・경북4권(L)	경북 경주, 경북 포항, 경북 울진, 경북 영덕	경북 경주, 경북 포항, 경북 영덕, 경북 울진
경북3권(M)	경북 상주, 경북 안동, 경북 의성, 경북 영주, 경북 문경	경북 안동, 경북 영주, 경북 문경, 경북 상주, 경북 의성
강원4권(N)	강원 속초, 강원 양양, 강원 고성	강원 속초, 강원 양양, 강원 고성
천안・아산권(O)	-	-
충남2권(P)	충남 천안, 충남 아산, 충남 서산, 충남 당진, 충남 홍성	충남 아산, 충남 천안, 충남 서산, 충남 예산, 충남 보령
전북1권(Q)	전북 전주, 전북 익산, 전북 완주, 전북 김제, 전북 군산	전북 전주, 전북 익산, 전북 완주, 전북 군산, 전북 김제
전남2권(R)	전남 광양, 전남 순천, 전남 여수, 전남 보성, 전남 고흥	전남 순천, 전남 광양, 전남 여수, 전남 보성, 전남 구례
경남2권(S)	경남 진주, 경남 사천, 경남 거제, 경남 고성, 경남 통영	경남 진주, 경남 사천, 경남 통영, 경남 고성, 경남 산청

주: 1) 앞서 제시된 도시가 중심성이 높은 도시를 의미함.
2) 광역시의 경우, 각 시군구 연결중심성의 평균값을 이용함.

<부표 5-4> 메가시티 권역별 연결중심성 지수 상위 5개 시군구(2005년)

	유입 연결중심성 지수	유출 연결중심성 지수
수도권(A)	서울특별시, 경기 성남, 경기 화성, 경기 용인, 경기 수원	경기 성남, 경기 수원, 경기 부천, 경기 고양, 경기 안양
부산・경남1권(B)	경남 김해, 부산광역시, 경남 창원, 경남 양산, 경남 함안	부산광역시, 경남 김해, 경남 창원, 경남 양산, 경남 밀양
대구・경북1권(C)	대구광역시, 경북 경산, 경북 영천, 경북 고령, 경북 성주	대구광역시, 경북 경산, 경북 영천, 경북 고령, 경북 청도
경북5권(D)	경북 구미, 경북 칠곡, 경북 김천	경북 칠곡, 경북 구미, 경북 김천
광주・전남1권(E)	광주광역시, 전남 나주, 전남 담양, 전남 화순, 전남 장성	광주광역시, 전남 화순, 전남 담양, 전남 나주, 전남 장성
전남3권(F)	전남 영암, 전남 무안, 전남 목포, 전남 해남, 전남 장흥	전남 목포, 전남 무안, 전남 영암, 전남 강진, 전남 해남
대전・충남1권(G)	대전광역시, 충남 논산, 충남 공주, 충남 금산, 충북 옥천	대전광역시, 충남 공주, 충남 논산, 충북 옥천, 충남 계룡
충북2권(H)	충북 청주, 충북 음성, 충북 진천, 세종 , 충북 충주	충북 청주, 충북 충주, 세종 , 충북 진천, 충북 음성
울산・포항 ・경주권(I)	울산광역시	울산광역시
강원2권(J)	강원 춘천, 강원 홍천, 강원 화천, 강원 인제, 강원 양구	강원 춘천, 강원 홍천, 강원 화천, 강원 인제, 강원 양구
강원3・충북3권(K)	강원 원주, 강원 강릉, 강원 횡성, 충북 제천, 강원 정선	강원 원주, 충북 제천, 강원 강릉, 강원 동해, 강원 태백
포항・경주・경북 4권(L)	경북 경주, 경북 포항, 경북 울진, 경북 영덕	경북 경주, 경북 포항, 경북 영덕, 경북 울진
경북3권(M)	경북 상주, 경북 안동, 경북 영주, 경북 의성, 경북 예천	경북 안동, 경북 영주, 경북 상주, 경북 문경, 경북 예천
강원4권(N)	강원 양양, 강원 고성, 강원 속초	강원 속초, 강원 양양, 강원 고성
천안・아산권(O)	충남 천안, 충남 아산	충남 아산, 충남 천안
충남2권(P)	충남 당진, 충남 서산, 충남 예산, 충남 홍성, 충남 보령	충남 서산, 충남 당진, 충남 보령, 충남 예산, 충남 홍성
전북1권(Q)	전북 전주, 전북 완주, 전북 익산, 전북 군산, 전북 김제	전북 전주, 전북 익산, 전북 완주, 전북 군산, 전북 김제
전남2권(R)	전남 광양, 전남 순천, 전남 여수, 전남 보성, 전남 고흥	전남 순천, 전남 광양, 전남 여수, 전남 보성, 전남 구례
경남2권(S)	경남 진주, 경남 사천, 경남 거제, 경남 통영, 경남 고성	경남 진주, 경남 사천, 경남 통영, 경남 고성, 경남 산청

주: 1) 앞서 제시된 도시가 중심성이 높은 도시를 의미함.
2) 광역시의 경우, 각 시군구 연결중심성의 평균값을 이용함.

<부표 5-5> 메가시티 권역별 연결중심성 지수 상위 5개 시군구(2010년)

	유입 연결중심성 지수	유출 연결중심성 지수
수도권(A)	경기 화성, 서울특별시, 경기 성남, 경기 수원, 경기 안산	경기 성남, 경기 수원, 경기 고양, 경기 부천, 경기 용인
부산 · 경남1권(B)	경남 김해, 부산광역시, 경남 창원, 경남 양산, 경남 함안	부산광역시, 경남 창원, 경남 김해, 경남 양산, 경남 밀양
대구 · 경북1권(C)	경북 구미, 대구광역시, 경북 경산, 경북 칠곡, 경북 영천	대구광역시, 경북 칠곡, 경북 경산, 경북 구미, 경북 김천
경북5권(D)	-	-
광주 · 전남1권(E)	광주광역시, 전남 영암, 전남 나주, 전남 무안, 전남 목포	광주광역시, 전남 목포, 전남 나주, 전남 화순, 전남 무안
전남3권(F)	-	-
대전 · 충남1권(G)	대전광역시, 세종 , 충남 논산, 충남 공주, 충남 금산	대전광역시, 충남 계룡, 충남 공주, 세종 , 충남 논산
충북2권(H)	충북 청주, 충북 음성, 충북 진천, 충북 충주, 충북 괴산	충북 청주, 충북 충주, 충북 증평, 충북 진천, 충북 음성
울산 · 포항 · 경주권(I)	울산광역시, 경북 경주, 경북 포항	울산광역시, 경북 경주, 경북 포항
강원2권(J)	강원 춘천, 강원 홍천, 강원 화천, 강원 인제, 강원 양구	강원 춘천, 강원 홍천, 강원 화천, 강원 인제, 강원 양구
강원3 · 충북3권(K)	강원 원주, 충북 제천, 강원 강릉, 강원 횡성, 강원 정선	강원 원주, 충북 제천, 강원 강릉, 강원 동해, 강원 태백
포항 · 경주 · 경북 4권(L)	-	-
경북3권(M)	경북 안동, 경북 상주, 경북 영주, 경북 예천, 경북 문경	경북 안동, 경북 문경, 경북 영주, 경북 상주, 경북 의성
강원4권(N)	강원 속초, 강원 고성, 강원 양양	강원 속초, 강원 양양, 강원 고성
천안 · 아산권(O)	충남 천안, 충남 아산	충남 천안, 충남 아산
충남2권(P)	충남 당진, 충남 서산, 충남 예산, 충남 홍성, 충남 보령	충남 예산, 충남 서산, 충남 홍성, 충남 당진, 충남 보령
전북1권(Q)	전북 전주, 전북 완주, 전북 익산, 전북 군산, 전북 김제	전북 전주, 전북 익산, 전북 군산, 전북 완주, 전북 김제
전남2권(R)	전남 광양, 전남 여수, 전남 순천, 전남 보성, 전남 고흥	전남 순천, 전남 광양, 전남 여수, 전남 보성, 전남 구례
경남2권(S)	경남 거제, 경남 사천, 경남 진주, 경남 고성, 경남 통영	경남 진주, 경남 통영, 경남 사천, 경남 고성, 경남 거제

주: 1) 앞서 제시된 도시가 중심성이 높은 도시를 의미함.
2) 광역시의 경우, 각 시군구 연결중심성의 평균값을 이용함.

<부표 5-6> 메가시티 권역별 연결중심성 지수 상위 5개 시군구(2015년)

	유입 연결중심성 지수	유출 연결중심성 지수
수도권(A)	경기 화성, 경기 성남, 경기 수원, 서울특별시, 경기 용인	경기 수원, 경기 성남, 경기 고양, 경기 용인, 경기 부천
부산 · 경남1권(B)	경남 김해, 경남 창원, 경남 양산, 부산광역시, 경남 함안	경남 창원, 경남 김해, 부산광역시, 경남 양산, 경남 함안
대구 · 경북1권(C)	대구광역시, 경북 구미, 경북 경산, 경북 칠곡, 경북 영천	대구광역시, 경북 경산, 경북 칠곡, 경북 구미, 경북 김천
경북5권(D)	-	-
광주 · 전남1권(E)	광주광역시, 전남 나주, 전남 담양, 전남 장성, 전남 화순	광주광역시, 전남 나주, 전남 담양, 전남 화순, 전남 장성
전남3권(F)	전남 영암, 전남 무안, 전남 목포, 전남 해남, 전남 강진	전남 목포, 전남 무안, 전남 영암, 전남 강진, 전남 해남
대전 · 충남1권(G)	대전광역시, 세종 , 충남 논산, 충남 공주, 충남 금산	대전광역시, 세종 , 충남 계룡, 충남 공주, 충남 논산
충북2권(H)	충북 청주, 충북 음성, 충북 진천, 충북 충주, 충북 괴산	충북 청주, 충북 충주, 충북 증평, 충북 진천, 충북 음성
울산 · 포항 · 경주권(I)	울산광역시, 경북 경주, 경북 포항	울산광역시, 경북 포항, 경북 경주
강원2권(J)	강원 원주, 강원 춘천, 강원 홍천, 강원 횡성, 강원 화천	강원 원주, 강원 춘천, 강원 횡성, 강원 홍천, 강원 화천
강원3 · 충북3권(K)	충북 제천, 강원 삼척, 강원 강릉, 강원 정선, 강원 평창	충북 제천, 강원 강릉, 강원 태백, 강원 동해, 강원 삼척
포항 · 경주 · 경북4권(L)	-	-
경북3권(M)	경북 안동, 경북 상주, 경북 봉화, 경북 의성, 경북 영주	경북 안동, 경북 영주, 경북 문경, 경북 상주, 경북 예천
강원4권(N)	강원 고성, 강원 속초, 강원 양양	강원 속초, 강원 양양, 강원 고성
천안 · 아산권(O)	충남 천안, 충남 아산	충남 천안, 충남 아산
충남2권(P)	충남 당진, 충남 서산, 충남 홍성, 충남 예산, 충남 보령	충남 서산, 충남 예산, 충남 홍성, 충남 당진, 충남 보령
전북1권(Q)	전북 전주, 전북 완주, 전북 익산, 전북 군산, 전북 김제	전북 전주, 전북 익산, 전북 완주, 전북 군산, 전북 김제
전남2권(R)	전남 광양, 전남 여수, 전남 순천, 전남 보성, 전남 고흥	전남 순천, 전남 광양, 전남 여수, 전남 보성, 전남 구례
경남2권(S)	경남 거제, 경남 사천, 경남 진주, 경남 고성, 경남 통영	경남 진주, 경남 통영, 경남 사천, 경남 고성, 경남 거제

주: 1) 앞서 제시된 도시가 중심성이 높은 도시를 의미함.
2) 광역시의 경우, 각 시군구 연결중심성의 평균값을 이용함.

<부표 5-7> 메가시티 권역별 연결중심성 지수 상위 5개 시군구(2020년)

	유입 연결중심성 지수	유출 연결중심성 지수
수도권(A)	경기 화성, 경기 성남, 경기 수원, 경기 용인, 서울특별시	경기 성남, 경기 수원, 경기 용인, 경기 고양, 경기 부천
부산 · 경남1권(B)	경남 김해, 경남 창원, 부산광역시, 경남 양산, 경남 함안	경남 창원, 경남 김해, 부산광역시, 경남 양산, 경남 함안
대구 · 경북1권(C)	대구광역시, 경북 구미, 경북 경산, 경북 칠곡, 경북 영천	대구광역시, 경북 경산, 경북 칠곡, 경북 구미, 경북 김천
경북5권(D)	-	-
광주 · 전남1권(E)	광주광역시, 전남 나주, 전남 영암, 전남 무안, 전남 목포	광주광역시, 전남 목포, 전남 나주, 전남 무안, 전남 담양
전남3권(F)	-	-
대전 · 충남1권(G)	대전광역시, 세종, 충남 논산, 충남 공주, 충남 금산	세종, 대전광역시, 충남 계룡, 충남 공주, 충남 논산
충북2권(H)	충북 청주, 충북 음성, 충북 진천, 충북 충주, 충북 증평	충북 청주, 충북 진천, 충북 음성, 충북 증평, 충북 충주
울산 · 포항 · 경주권(I)	울산광역시, 경북 경주, 경북 포항	울산광역시, 경북 포항, 경북 경주
강원2권(J)	강원 춘천, 강원 홍천, 강원 인제, 강원 화천, 강원 양구	강원 춘천, 강원 홍천, 강원 화천, 강원 인제, 강원 양구
강원3 · 충북3권(K)	강원 원주, 강원 정선, 강원 강릉, 강원 삼척, 강원 횡성	강원 원주, 충북 제천, 강원 태백, 강원 동해, 강원 강릉
포항 · 경주 · 경북4권(L)	-	-
경북3권(M)	경북 안동, 경북 상주, 경북 영주, 경북 문경, 경북 의성	경북 예천, 경북 안동, 경북 상주, 경북 문경, 경북 영주
강원4권(N)	강원 속초, 강원 고성, 강원 양양	강원 속초, 강원 양양, 강원 고성
천안 · 아산권(O)	-	-
충남2권(P)	충남 아산, 충남 천안, 충남 당진, 충남 서산, 충남 예산	충남 천안, 충남 아산, 충남 홍성, 충남 당진, 충남 서산
전북1권(Q)	전북 전주, 전북 완주, 전북 익산, 전북 김제, 전북 군산	전북 전주, 전북 완주, 전북 익산, 전북 군산, 전북 김제
전남2권(R)	전남 여수, 전남 광양, 전남 순천, 전남 보성, 전남 고흥	전남 순천, 전남 광양, 전남 여수, 전남 구례, 전남 보성
경남2권(S)	경남 사천, 경남 거제, 경남 진주, 경남 고성, 경남 통영	경남 진주, 경남 사천, 경남 통영, 경남 거제, 경남 고성

주: 1) 앞서 제시된 도시가 중심성이 높은 도시를 의미함.
2) 광역시의 경우, 각 시군구 연결중심성의 평균값을 이용함.

<부표 5-8> 대도시권 권역에 따른 유입 연결중심성 지수 상위 5개 시군구

권역	대도시권(대광법) (2024년 기준)	2000년	2005년	2010년	2015년	2020년
수도권	서울특별시, 인천광역시 및 경기도	서울특별시, 경기 수원, 경기 안양, 경기 부천, 경기 안산	서울특별시, 경기 성남, 경기 화성, 경기 용인, 경기 수원	경기 화성, 서울특별시, 경기 성남, 경기 수원, 경기 안산	경기 화성, 경기 성남, 경기 수원, 서울특별시, 경기 용인	경기 화성, 경기 성남, 경기 수원, 경기 용인, 서울특별시
부산· 울산권	부산광역시, 울산광역시, 경상남도 양산시·김해시 ·창원시·거제 시·밀양시, 경상북도 경주시	경남 김해, 경남 양산, 부산광역시, 경남 창원, 울산광역시	경남 김해, 부산광역시, 경남 창원, 경남 양산, 울산광역시	경남 김해, 부산광역시, 경남 창원, 경남 양산, 울산광역시	경남 김해, 경남 창원, 경남 양산, 부산광역시, 울산광역시	경남 김해, 경남 창원, 부산광역시, 경남 양산, 울산광역시
대구권	대구광역시, 경상북도 구미시·경산시 ·영천시·군위 군(통합제외)·청 도군·고령군· 성주군·칠곡군 ·의성군·청송 군, 경상남도 창녕군	경북 구미, 경북 경산, 경북 칠곡, 경북 영천, 경북 고령	경북 구미, 경북 경산, 경북 칠곡, 경북 영천, 경북 고령	경북 구미, 경북 경산, 경북 칠곡, 경북 영천, 경북 고령	경북 구미, 경북 경산, 경북 칠곡, 경북 영천, 경북 성주	경북 구미, 경북 경산, 경북 칠곡, 경북 영천, 경북 성주
광주권	광주광역시, 전라남도 나주시·담양군· 화순군·함평군· 장성군	광주광역시, 전남 나주, 전남 담양, 전남 화순, 전남 장성	광주광역시, 전남 나주, 전남 담양, 전남 화순, 전남 장성	광주광역시, 전남 나주, 전남 담양, 전남 화순, 전남 장성	광주광역시, 전남 나주, 전남 담양, 전남 장성, 전남 화순	광주광역시, 전남 나주, 전남 담양, 전남 화순, 전남 장성
대전권	대전광역시, 세종특별자치시, 충청남도 공주시·논산시· 계룡시·금산군, 충청북도 청주시·보은군· 옥천군	대전광역시, 충북 청주, 충남 논산, 세종, 충남 공주	대전광역시, 충북 청주, 세종, 충남 논산, 충남 공주	대전광역시, 충북 청주, 세종, 충남 논산, 충남 공주	대전광역시, 세종, 충북 청주, 충남 논산, 충남 공주	대전광역시, 세종, 충북 청주, 충남 논산, 충남 공주

주: 1) 앞서 제시된 도시가 중심성이 높은 도시를 의미함.
2) 광역시의 경우, 각 시군구 연결중심성의 평균값을 이용함.

<부표 5-9> 대도시권 권역에 따른 유출 연결중심성 지수 상위 5개 시군구

권역	대도시권(대광법) (2024년 기준)	2000년	2005년	2010년	2015년	2020년
수도권	서울특별시, 인천광역시 및 경기도	경기 성남, 경기 고양, 경기 부천, 경기 수원, 경기 안양	경기 성남, 경기 수원, 경기 부천, 경기 고양, 경기 안양	경기 성남, 경기 수원, 경기 고양, 경기 부천, 경기 용인	경기 수원, 경기 성남, 경기 고양, 경기 용인, 경기 부천	경기 성남, 경기 수원, 경기 용인, 경기 고양, 경기 부천
부산·울산권	부산광역시, 울산광역시, 경상남도 양산시·김해시·창원시·거제시·밀양시, 경상북도 경주시	부산광역시, 경남 김해, 경남 창원, 울산광역시, 경남 양산	부산광역시, 경남 김해, 경남 창원, 울산광역시, 경남 양산	부산광역시, 경남 창원, 경남 김해, 울산광역시, 경남 양산	경남 창원, 경남 김해, 부산광역시, 울산광역시, 경남 양산	경남 창원, 경남 김해, 부산광역시, 경남 양산, 울산광역시
대구권	대구광역시, 경상북도 구미시·경산시·영천시·군위군(통합제외)·청도군·고령군·성주군·칠곡군·의성군·청송군, 경상남도 창녕군	경북 칠곡, 경북 경산, 경북 구미, 경북 영천, 경북 고령	경북 칠곡, 경북 경산, 경북 구미, 경북 영천, 경남 창녕	경북 칠곡, 경북 경산, 경북 구미, 경북 영천, 경남 창녕	경북 경산, 경북 칠곡, 경북 구미, 경남 창녕, 경북 영천	경북 경산, 경북 칠곡, 경북 구미, 경남 창녕, 경북 고령
광주권	광주광역시, 전라남도 나주시·담양군·화순군·함평군·장성군	광주광역시, 전남 화순, 전남 나주, 전남 담양, 전남 장성	광주광역시, 전남 화순, 전남 담양, 전남 나주, 전남 장성	광주광역시, 전남 나주, 전남 화순, 전남 담양, 전남 장성	광주광역시, 전남 나주, 전남 담양, 전남 화순, 전남 장성	광주광역시, 전남 나주, 전남 담양, 전남 화순, 전남 장성
대전권	대전광역시, 세종특별자치시, 충청남도 공주시·논산시·계룡시·금산군, 충청북도 청주시·보은군·옥천군	대전광역시, 충북 청주, 세종, 충남 논산, 충남 공주	대전광역시, 충북 청주, 충남 공주, 세종, 충남 논산	대전광역시, 충북 청주, 충남 계룡, 충남 공주, 세종	대전광역시, 충북 청주, 세종, 충남 계룡, 충남 공주	충북 청주, 세종, 대전광역시, 충남 계룡, 충남 공주

주: 1) 앞서 제시된 도시가 중심성이 높은 도시를 의미한다.
2) 광역시의 경우, 각 시군구 연결중심성의 평균값을 이용.

6. 이중차분모형 분석 결과

가. 자료

- 전체 시군구: 229개

- 분석 제외 시군구: 4개 시군구(신안군, 울릉군, 제주시, 서귀포시)

- 분석대상: 225개 시군구

- 변수 요약

<부표 6-1> 조사연도별 평균(표준편차)

(단위: 개, 명, %, 분)

변수	2000년	2005년	2010년	2015년	2020년
strength(in)	2760.92 (4431.63)	3261.86 (5110.90)	3227.97 (4862.31)	6298.82 (9399.49)	6298.82 (9399.49)
strength(out)	2760.92 (3563.78)	3261.86 (4088.26)	3227.97 (3828.76)	6298.82 (7590.93)	6298.82 (7590.93)
사업체 수	5620.55 (6053.31)	6085.85 (6432.92)	6658.55 (6885.02)	8275.00 (8708.74)	8167.81 (8463.52)
총종사자 수	45403.48 (56378.49)	51084.99 (62937.03)	61024.35 (75585.22)	74343.40 (89113.87)	75479.01 (89594.16)
직주 비율	76.82 (21.59)	72.47 (25.72)	74.66 (22.08)	73.86 (22.33)	75.25 (18.85)
승용차 평균시간	25.26 (7.71)	24.60 (7.65)	24.86 (7.71)	29.14 (9.80)	25.60 (8.00)
버스 평균시간	30.89 (6.08)	29.57 (6.86)	29.04 (6.61)	36.69 (7.54)	30.88 (5.20)
승용차 분담률	0.31 (0.12)	0.34 (0.13)	0.38 (0.12)	0.40 (0.12)	0.49 (0.13)
버스 분담률	0.17 (0.10)	0.14 (0.09)	0.15 (0.09)	0.12 (0.07)	0.12 (0.06)
인구	201850.19 (187376.29)	206506.62 (199685.92)	210762.78 (206874.53)	224083.34 (218359.66)	227176.43 (224288.29)
성별남	0.61 (0.05)	0.59 (0.06)	0.56 (0.04)	0.57 (0.04)	0.57 (0.03)
성별여	0.39 (0.05)	0.41 (0.06)	0.44 (0.04)	0.43 (0.04)	0.43 (0.03)
연령2030	0.44 (0.13)	0.38 (0.15)	0.33 (0.13)	0.29 (0.11)	0.29 (0.10)
연령4050	0.39 (0.04)	0.42 (0.05)	0.46 (0.05)	0.47 (0.05)	0.46 (0.05)
연령60	0.16 (0.13)	0.19 (0.16)	0.21 (0.15)	0.24 (0.15)	0.25 (0.13)

<부표 6-1>의 계속

변수	2000년	2005년	2010년	2015년	2020년
직업A	0.83 (0.06)	0.81 (0.07)	0.28 (0.14)	0.29 (0.14)	0.33 (0.13)
직업B	0.10 (0.04)	0.11 (0.04)	0.19 (0.07)	0.19 (0.06)	0.21 (0.05)
직업C	0.07 (0.04)	0.07 (0.05)	0.52 (0.19)	0.51 (0.19)	0.45 (0.16)

<부표 6-2> 수도권 조사연도별 평균(표준편차)

(단위: 개, 명, %, 분)

변수	2000년	2005년	2010년	2015년	2020년
strength(in)	6103.47 (6767.22)	7169.95 (7698.73)	6913.65 (7411.38)	14053.11 (14022.11)	14053.11 (14022.11)
strength(out)	6221.24 (4268.44)	7266.41 (4739.40)	7034.14 (4387.07)	14287.39 (8945.78)	14287.39 (8945.78)
사업체 수	9700.14 (7858.36)	10683.18 (7983.11)	11769.20 (8179.30)	14765.41 (10783.79)	14611.50 (10471.13)
총종사자 수	81346.47 (77575.10)	93074.89 (85278.00)	112975.41 (103264.81)	137519.23 (120646.21)	140524.36 (121469.90)
직주 비율	57.14 (18.11)	49.84 (20.45)	53.90 (17.61)	52.69 (17.58)	56.11 (14.96)
승용차 평균시간	33.36 (6.09)	32.75 (6.39)	33.32 (6.04)	39.99 (7.85)	34.86 (6.19)
버스 평균시간	35.79 (4.48)	35.43 (5.38)	35.30 (4.83)	44.24 (5.48)	36.17 (4.09)
승용차 분담률	0.33 (0.09)	0.36 (0.11)	0.36 (0.11)	0.37 (0.12)	0.42 (0.15)
버스 분담률	0.21 (0.06)	0.18 (0.06)	0.20 (0.05)	0.16 (0.05)	0.16 (0.05)
인구	322091.85 (209760.93)	342745.94 (223617.70)	355448.03 (231032.44)	382936.73 (246545.74)	394595.83 (256152.84)
성별남	0.64 (0.03)	0.62 (0.03)	0.58 (0.02)	0.58 (0.02)	0.57 (0.03)
성별여	0.36 (0.03)	0.38 (0.03)	0.42 (0.02)	0.42 (0.02)	0.43 (0.03)
연령2030	0.54 (0.07)	0.50 (0.08)	0.43 (0.07)	0.38 (0.06)	0.37 (0.06)
연령4050	0.38 (0.04)	0.42 (0.05)	0.47 (0.05)	0.49 (0.04)	0.47 (0.04)
연령60	0.06 (0.05)	0.07 (0.06)	0.10 (0.06)	0.12 (0.07)	0.15 (0.06)
직업A	0.80 (0.03)	0.76 (0.04)	0.42 (0.11)	0.42 (0.12)	0.45 (0.12)
직업B	0.11 (0.02)	0.14 (0.02)	0.22 (0.04)	0.23 (0.04)	0.24 (0.03)
직업C	0.08 (0.02)	0.08 (0.04)	0.35 (0.12)	0.35 (0.12)	0.31 (0.11)

<부표 6-3> 비수도권 조사연도별 평균(표준편차)

(단위: 개, 명, %, 분)

variable	2000년	2005년	2010년	2015년	2020년
strength(in)	1373.44 (1548.85)	1639.64 (1902.94)	1698.06 (1700.25)	3080.06 (2970.73)	3080.06 (2970.73)
strength(out)	1324.55 (1852.70)	1599.60 (2230.60)	1648.05 (2074.05)	2982.81 (3323.61)	2982.81 (3323.61)
사업체 수	3927.14 (4087.29)	4177.53 (4467.35)	4537.15 (4923.75)	5580.87 (5897.56)	5493.08 (5648.23)
총종사자 수	30483.74 (35593.52)	33655.21 (39770.39)	39459.76 (46014.34)	48119.47 (53956.01)	48479.06 (53001.82)
직주 비율	84.99 (17.24)	81.86 (21.52)	83.28 (17.58)	82.65 (17.75)	83.19 (13.97)
승용차 평균시간	21.90 (5.49)	21.22 (5.18)	21.34 (5.19)	24.64 (6.43)	21.76 (4.92)
버스 평균시간	28.85 (5.48)	27.14 (5.87)	26.44 (5.41)	33.56 (5.88)	28.69 (3.87)
승용차 분담률	0.29 (0.13)	0.33 (0.14)	0.38 (0.12)	0.42 (0.11)	0.52 (0.11)
버스 분담률	0.16 (0.11)	0.12 (0.10)	0.12 (0.09)	0.10 (0.07)	0.10 (0.06)
인구	151938.56 (152080.65)	149954.45 (158074.29)	150704.75 (162300.80)	158144.19 (166359.40)	157681.58 (166604.55)
성별남	0.60 (0.06)	0.58 (0.06)	0.55 (0.05)	0.57 (0.04)	0.57 (0.03)
성별여	0.40 (0.06)	0.42 (0.06)	0.45 (0.05)	0.43 (0.04)	0.43 (0.03)
연령2030	0.39 (0.13)	0.33 (0.14)	0.28 (0.12)	0.25 (0.11)	0.25 (0.09)
연령4050	0.40 (0.04)	0.42 (0.05)	0.45 (0.06)	0.46 (0.05)	0.46 (0.05)
연령60	0.19 (0.13)	0.24 (0.16)	0.26 (0.15)	0.29 (0.15)	0.29 (0.13)
직업A	0.84 (0.07)	0.83 (0.07)	0.23 (0.12)	0.24 (0.11)	0.28 (0.10)
직업B	0.09 (0.05)	0.10 (0.04)	0.17 (0.07)	0.18 (0.06)	0.20 (0.05)
직업C	0.06 (0.04)	0.06 (0.05)	0.59 (0.17)	0.58 (0.17)	0.50 (0.14)

<부표 6-4> 수도권(광역시 포함) 조사연도별 평균(표준편차)

(단위: 개, 명, %, 분)

변수	2000년	2005년	2010년	2015년	2020년
strength(in)	5052.67 (5572.11)	5979.35 (6330.43)	5745.11 (6091.92)	11276.40 (11705.75)	11276.40 (11705.75)
strength(out)	5281.65 (3788.10)	6204.33 (4230.64)	6009.71 (3914.87)	11609.06 (8007.12)	11609.06 (8007.12)
사업체 수	8605.17 (6678.02)	9367.55 (6849.76)	10206.32 (7109.54)	12675.71 (9260.56)	12475.92 (9026.00)
총종사자 수	70485.29 (64264.63)	79674.86 (71022.99)	95306.93 (86417.68)	115683.27 (101204.39)	117375.49 (102249.08)
직주 비율	58.30 (16.71)	49.80 (18.69)	55.16 (15.59)	53.89 (15.52)	58.62 (13.23)
승용차 평균시간	31.83 (5.66)	31.02 (6.05)	31.53 (5.66)	37.67 (7.28)	32.58 (6.00)
버스 평균시간	35.56 (4.23)	34.85 (5.06)	34.47 (4.36)	43.10 (5.01)	35.24 (3.65)
승용차 분담률	0.35 (0.11)	0.39 (0.12)	0.39 (0.12)	0.40 (0.13)	0.46 (0.15)
버스 분담률	0.24 (0.08)	0.20 (0.06)	0.21 (0.06)	0.17 (0.05)	0.17 (0.05)
인구	294304.27 (185940.65)	307238.80 (198586.27)	315028.78 (205655.00)	335854.63 (217647.04)	342060.42 (225296.67)
성별남	0.64 (0.04)	0.62 (0.04)	0.59 (0.03)	0.59 (0.03)	0.57 (0.03)
성별여	0.36 (0.04)	0.38 (0.04)	0.41 (0.03)	0.41 (0.03)	0.43 (0.03)
연령2030	0.53 (0.06)	0.49 (0.07)	0.42 (0.06)	0.37 (0.06)	0.36 (0.06)
연령4050	0.39 (0.05)	0.44 (0.05)	0.48 (0.05)	0.50 (0.04)	0.48 (0.04)
연령60	0.06 (0.05)	0.07 (0.05)	0.10 (0.05)	0.12 (0.06)	0.15 (0.05)
직업A	0.80 (0.03)	0.77 (0.04)	0.40 (0.10)	0.40 (0.10)	0.43 (0.10)
직업B	0.11 (0.02)	0.13 (0.02)	0.23 (0.05)	0.23 (0.04)	0.24 (0.04)
직업C	0.09 (0.02)	0.08 (0.04)	0.36 (0.11)	0.36 (0.11)	0.32 (0.10)

<부표 6-5> 비수도권(광역시 제외) 조사연도별 평균(표준편차)

(단위: 개, 명, %, 분)

변수	2000년	2005년	2010년	2015년	2020년
strength(in)	1315.99 (1780.26)	1576.13 (2269.08)	1659.89 (2037.01)	3737.65 (5640.29)	3737.65 (5640.29)
strength(out)	1435.59 (2894.27)	1707.60 (3293.99)	1788.18 (3151.66)	4261.44 (7746.29)	4261.44 (7746.29)
사업체 수	3872.87 (4698.48)	4428.29 (5578.82)	5100.69 (6550.86)	6435.38 (8271.31)	6562.68 (8403.54)
총종사자 수	31067.25 (42318.68)	36701.73 (51197.57)	44429.88 (61535.04)	55683.17 (77249.93)	57882.55 (80214.64)
직주 비율	87.13 (16.61)	85.88 (17.85)	85.74 (16.53)	85.24 (16.44)	84.00 (15.43)
승용차 평균시간	21.78 (6.09)	21.21 (5.90)	21.34 (6.09)	24.53 (7.36)	22.06 (6.33)
버스 평균시간	28.47 (5.57)	26.82 (6.23)	26.42 (6.28)	33.50 (6.77)	28.87 (4.98)
승용차 분담률	0.29 (0.12)	0.32 (0.13)	0.38 (0.11)	0.42 (0.10)	0.52 (0.10)
버스 분담률	0.13 (0.09)	0.10 (0.09)	0.11 (0.08)	0.09 (0.06)	0.09 (0.05)
인구	154385.28 (187261.14)	161584.55 (206936.31)	168164.19 (217723.29)	181981.47 (234383.45)	189119.78 (246315.40)
성별남	0.60 (0.06)	0.58 (0.06)	0.55 (0.04)	0.57 (0.04)	0.57 (0.03)
성별여	0.40 (0.06)	0.42 (0.06)	0.45 (0.04)	0.43 (0.04)	0.43 (0.03)
연령2030	0.39 (0.13)	0.32 (0.15)	0.28 (0.12)	0.24 (0.11)	0.25 (0.09)
연령4050	0.39 (0.04)	0.41 (0.05)	0.45 (0.05)	0.46 (0.05)	0.45 (0.05)
연령60	0.21 (0.12)	0.25 (0.16)	0.27 (0.15)	0.30 (0.15)	0.30 (0.13)
직업A	0.85 (0.07)	0.83 (0.08)	0.22 (0.12)	0.23 (0.12)	0.27 (0.10)
직업B	0.09 (0.05)	0.10 (0.04)	0.16 (0.06)	0.17 (0.05)	0.20 (0.04)
직업C	0.06 (0.04)	0.06 (0.06)	0.61 (0.17)	0.59 (0.16)	0.51 (0.13)

나. 결과: 수도권 / 비수도권

1) 유입 연결중심성

가) 통제변수 도입 전 분석 결과

<부표 6-6> 통제변수 도입 전 - 철도서비스 공급 효과에 대한 DID 분석 결과 – 유입 연결중심성(전국, 비수도권 및 수도권)

	전국	비수도권	수도권
종속변수	유입 연결중심성 지수 (Stength(in))	유입 연결중심성 지수 (Stength(in))	유입 연결중심성 지수 (Stength(in))
시차변수			
year = -20	0.2976*** (0.0817)	0.0430 (0.0669)	
year = -15	0.1705*** (0.0382)	0.0307 (0.0339)	0.0829* (0.0320)
year = -10	0.0738** (0.0261)	-0.0048 (0.0249)	0.0003 (0.0140)
year = 0	-0.0195. (0.0113)	0.0240** (0.0087)	-0.4319*** (0.0602)
year = 5	-0.1094* (0.0507)	0.0501 (0.0499)	-0.6227*** (0.0877)
year = 10	-0.1551* (0.0719)	0.0730 (0.0595)	-0.5494*** (0.1200)
year = 15	-0.1404 (0.0759)	0.0800 (0.0539)	-0.3367* (0.1303)
고정효과			
시군구	Yes	Yes	Yes
연도	Yes	Yes	Yes
관측 시군구 수	1,124	795	329
R2	0.88255	0.89171	0.89273
Within R2	0.01643	0.01739	0.04131

주: *는 10%, **는 5%, ***는 1% 유의수준을 의미함.

<부표 6-7> 통제변수 도입 전 - 철도서비스 공급 평균처치효과(ATT) 분석 결과 - 유입 연결중심성(전국, 비수도권 및 수도권)

	전국	비수도권	수도권
종속변수	유입 연결중심성 지수 (Stength(in))	유입 연결중심성 지수 (Stength(in))	유입 연결중심성 지수 (Stength(in))
ATT	-0.0926* (0.0411)	0.0504 (0.0340)	-0.5140*** (0.0874)
고정효과			
시군구	Yes	Yes	Yes
연도	Yes	Yes	Yes
관측 시군구 수	1,124	795	329
R2	0.88255	0.89171	0.89273
Within R2	0.01643	0.01739	0.04131

주: 1) *는 10%, **는 5%, ***는 1% 유의수준을 의미함.
2) ATT(Average Treatment effect on Treatment): 평균처치효과.

[부도 6-1] 통제변수 도입 전 - 시차에 따른 철도서비스 공급 효과 - 유입 연결중심성(전국, 비수도권 및 수도권)

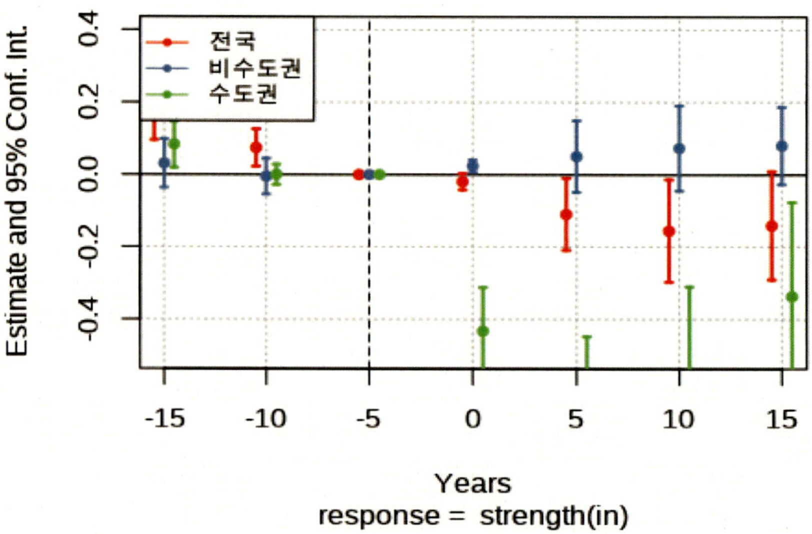

나) 통제변수 도입 후 분석 결과

<부표 6-8> 통제변수 도입 후 - 철도서비스 공급 효과에 대한 DID 분석 결과 - 유입 연결중심성(전국, 비수도권 및 수도권)

	전국	비수도권	수도권
종속변수	유입 연결중심성 지수 (Stength(in))	유입 연결중심성 지수 (Stength(in))	유입 연결중심성 지수 (Stength(in))
시차변수			
year = -20	-0.0520 (0.0639)	-0.0427 (0.0484)	
year = -15	-0.0580. (0.0335)	-0.0172 (0.0203)	-0.4903*** (0.1359)
year = -10	-0.0249 (0.0170)	-0.0249 (0.0170)	-0.4723** (0.1423)
year = 0	0.0218 (0.0143)	0.0283** (0.0088)	-0.1021 (0.0943)
year = 5	0.0274 (0.0220)	0.0460 (0.0293)	-0.2345* (0.0937)
year = 10	-0.0092 (0.0384)	0.0433 (0.0298)	-0.0791 (0.1378)
year = 15	0.0039 (0.0532)	0.0325 (0.0304)	0.0611 (0.1896)
통제변수			
사업체 수	0.2563 (0.5423)	0.1444 (0.1588)	0.4341 (0.7620)
총종사자 수	1.273*** (0.2023)	0.5376*** (0.1225)	1.226*** (0.3279)
직주 비율	-0.0604 (0.2561)	0.0385 (0.1190)	-0.5705 (0.4960)
승용차 평균시간	0.0372*** (0.0056)	0.0146*** (0.0031)	-0.0023 (0.0128)
버스 평균시간	-0.0045. (0.0024)	-0.0062*** (0.0014)	0.0193 (0.0137)
승용차 분담률	-0.5993** (0.2199)	-0.0108 (0.2176)	-1.012. (0.5406)
버스 분담률	-0.3332 (0.2525)	-0.4384* (0.2210)	0.1572 (0.6086)
pop	-0.4658 (0.2961)	-0.1494 (0.0945)	-0.6211 (0.3893)
성별여	0.8667. (0.4553)	0.5466* (0.2391)	-1.419 (1.614)
연령2030	1.547. (0.9256)	1.743*** (0.4695)	-1.297 (2.640)
연령4050	1.461. (0.8225)	1.790** (0.5539)	-1.506 (2.816)
연령60	1.029 (0.8894)	1.435** (0.4297)	-3.329 (2.495)
직업A	-0.3341 (0.2746)	0.1056 (0.1228)	2.307 (2.300)
직업B	-0.6001* (0.2609)	-0.1910 (0.1265)	1.645 (2.309)
직업C	0.0445 (0.2400)	0.1430 (0.0942)	2.293 (2.049)
고정효과			
시군구	Yes	Yes	Yes
연도	Yes	Yes	Yes
관측 시군구 수	1,124	795	329
R2	0.95841	0.95319	0.96086
Within R2	0.65169	0.57520	0.65019

주: *는 10%, **는 5%, ***는 1% 유의수준을 의미함.

<부표 6-9> 통제변수 도입 후 - 철도서비스 공급 평균처치효과(ATT) 분석 결과 – 유입 연결중심성(전국, 비수도권 및 수도권)

	전국	비수도권	수도권
종속변수	유입 연결중심성 지수 (Stength(in))	유입 연결중심성 지수 (Stength(in))	유입 연결중심성 지수 (Stength(in))
ATT	0.0137 (0.0211)	0.0375* (0.0171)	-0.1312. (0.0695)
통제변수			
사업체 수	0.2563 (0.5423)	0.1444 (0.1588)	0.4341 (0.7620)
총종사자 수	1.273*** (0.2023)	0.5376*** (0.1225)	1.226*** (0.3279)
직주 비율	-0.0604 (0.2561)	0.0385 (0.1190)	-0.5705 (0.4960)
승용차 평균시간	0.0372*** (0.0056)	0.0146*** (0.0031)	-0.0023 (0.0128)
버스 평균시간	-0.0045. (0.0024)	-0.0062*** (0.0014)	0.0193 (0.0137)
승용차 분담률	-0.5993** (0.2199)	-0.0108 (0.2176)	-1.012. (0.5406)
버스 분담률	-0.3332 (0.2525)	-0.4384* (0.2210)	0.1572 (0.6086)
pop	-0.4658 (0.2961)	-0.1494 (0.0945)	-0.6211 (0.3893)
성별여	0.8667. (0.4553)	0.5466* (0.2391)	-1.419 (1.614)
연령2030	1.547. (0.9256)	1.743*** (0.4695)	-1.297 (2.640)
연령4050	1.461. (0.8225)	1.790** (0.5539)	-1.506 (2.816)
연령60	1.029 (0.8894)	1.435** (0.4297)	-3.329 (2.495)
직업A	-0.3341 (0.2746)	0.1056 (0.1228)	2.307 (2.300)
직업B	-0.6001* (0.2609)	-0.1910 (0.1265)	1.645 (2.309)
직업C	0.0445 (0.2400)	0.1430 (0.0942)	2.293 (2.049)
고정효과			
시군구	Yes	Yes	Yes
연도	Yes	Yes	Yes
관측 시군구 수	1,124	795	329
R2	0.95841	0.95319	0.96086
Within R2	0.65169	0.57520	0.65019
year	Yes	Yes	Yes

주: 1) *는 10%, **는 5%, ***는 1% 유의수준을 의미함.
2) ATT (Average Treatment effect on Treatment): 평균처치효과.

[부도 6-2] 통제변수 도입 후 - 시차에 따른 철도서비스 공급 효과
– 유입 연결중심성(전국, 비수도권 및 수도권)

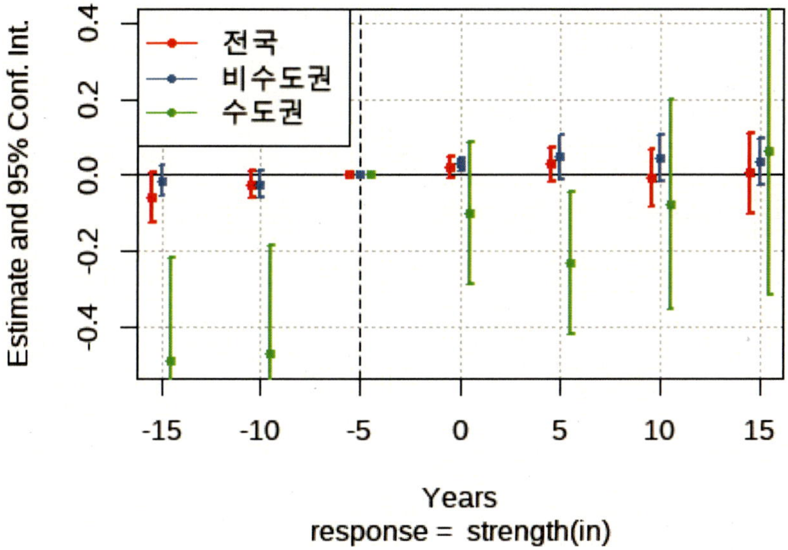

2) 유출 연결중심성

가) 통제변수 도입 전 분석 결과

<부표 6-10> 통제변수 도입 전 - 철도서비스 공급 효과에 대한 DID 분석 결과
- 유출 연결중심성(전국, 비수도권 및 수도권)

	전국	비수도권	수도권
종속변수	유출 연결중심성 지수 (Stength(out))	유출 연결중심성 지수 (Stength(out))	유출 연결중심성 지수 (Stength(out))
시차변수			
year = -20	0.3630** (0.1100)	0.0668 (0.1020)	
year = -15	0.1922*** (0.0574)	0.0359 (0.0653)	0.0712* (0.0268)
year = -10	0.1198*** (0.0273)	0.0325 (0.0274)	0.0093 (0.0124)
year = 0	-0.0182 (0.0147)	0.0316* (0.0138)	-0.4876*** (0.0513)
year = 5	-0.1718*** (0.0381)	0.0026 (0.0331)	-0.7026*** (0.0743)
year = 10	-0.2365*** (0.0700)	-0.0030 (0.0423)	-0.3675*** (0.0993)
year = 15	-0.1772 (0.1076)	0.0278 (0.0490)	0.1083 (0.1051)
고정효과			
시군구	Yes	Yes	Yes
연도	Yes	Yes	Yes
관측 시군구 수	1,124	795	329
R2	0.87308	0.90284	0.87872
Within R2	0.02941	0.00636	0.06910

주: *는 10%, **는 5%, ***는 1% 유의수준을 의미함.

<부표 6-11> 통제변수 도입 전 - 철도서비스 공급 평균처치효과(ATT) 분석 결과 - 유출 연결중심성(전국, 비수도권 및 수도권)

	전국	비수도권	수도권
종속변수	유출 연결중심성 지수 (Stength(out))	유출 연결중심성 지수 (Stength(out))	유출 연결중심성 지수 (Stength(out))
시차변수			
ATT	-0.1343*** (0.0388)	0.0144 (0.0253)	-0.4897*** (0.0729)
고정효과			
시군구	Yes	Yes	Yes
연도	Yes	Yes	Yes
관측 시군구 수	1,124	795	329
R2	0.87308	0.90284	0.87872
Within R2	0.02941	0.00636	0.06910

주: 1) *는 10%, **는 5%, ***는 1% 유의수준을 의미함.
2) ATT(Average Treatment effect on Treatment): 평균처치효과.

[부도 6-3] 통제변수 도입 전 - 시차에 따른 철도서비스 공급 효과 - 유출 연결중심성(전국, 비수도권 및 수도권)

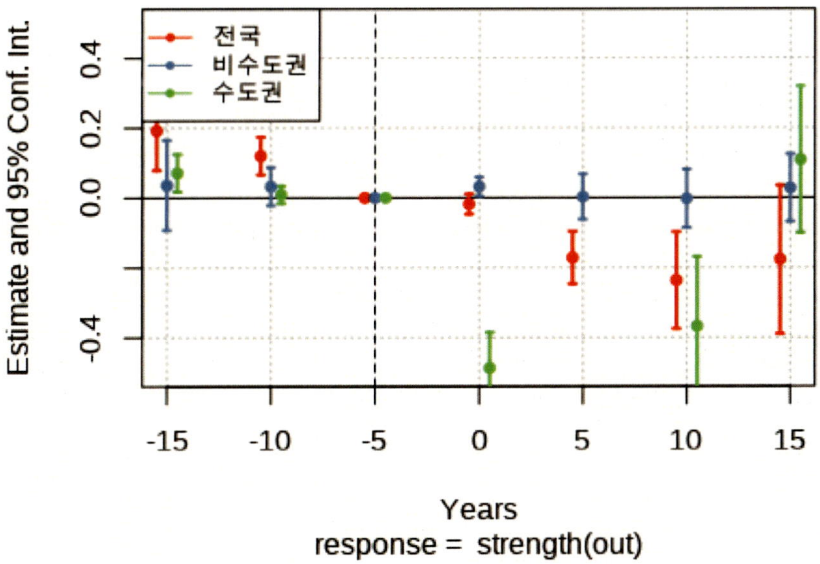

나) 통제변수 도입 후 분석 결과

<부표 6-12> 통제변수 도입 후 - 철도서비스 공급 효과에 대한 DID 분석 결과 - 유출 연결중심성(전국, 비수도권 및 수도권)

	전국	비수도권	수도권
종속변수	유출 연결중심성 지수 (Stength(out))	유출 연결중심성 지수 (Stength(out))	유출 연결중심성 지수 (Stength(out))
시차변수			
year = -20	0.1053* (0.0517)	0.0149 (0.0567)	
year = -15	-0.0135 (0.0407)	0.0140 (0.0360)	-0.5901* (0.2878)
year = -10	0.0052 (0.0262)	-5.98e-6 (0.0221)	-0.4198* (0.2087)
year = 0	0.0183 (0.0207)	0.0155 (0.0122)	-0.3265*** (0.0845)
year = 5	-0.0407 (0.0265)	-0.0199 (0.0203)	-0.3013* (0.1374)
year = 10	-0.0672 (0.0537)	-0.0454. (0.0240)	0.2258. (0.1231)
year = 15	-0.0338 (0.0623)	-0.0190 (0.0403)	0.2862 (0.1884)
통제변수			
사업체 수	0.4168* (0.1978)	0.5371* (0.2110)	0.2499 (0.2332)
총종사자 수	0.2852 (0.2635)	-0.0284 (0.1681)	0.3596 (0.3208)
직주 비율	-0.9556*** (0.2250)	-0.6492*** (0.1689)	-1.261** (0.4026)
승용차 평균시간	0.0397*** (0.0062)	0.0137*** (0.0038)	-0.0005 (0.0196)
버스 평균시간	-0.0119*** (0.0032)	-0.0093*** (0.0021)	-0.0053 (0.0141)
승용차 분담률	-1.964*** (0.3101)	-0.6758*** (0.1601)	-3.150*** (0.7472)
버스 분담률	-0.2945 (0.2994)	-0.5472* (0.2427)	-0.4523 (1.149)
pop	0.2427 (0.2090)	0.1036 (0.1519)	0.3346 (0.2399)
성별여	1.420* (0.5472)	1.021*** (0.2723)	1.424 (1.721)
연령2030	3.128* (1.550)	0.3337 (1.113)	6.327* (2.871)
연령4050	3.478* (1.449)	0.3355 (1.033)	7.198* (2.813)
연령60	3.020* (1.425)	-0.0223 (1.079)	8.959** (2.600)
직업A	-0.0780 (0.3500)	0.3067 (0.2260)	-1.403 (1.471)
직업B	-0.0553 (0.3537)	0.1520 (0.2003)	-0.7117 (1.695)
직업C	0.1904 (0.2899)	0.2158 (0.1791)	-1.329 (1.542)
고정효과			
시군구	Yes	Yes	Yes
연도	Yes	Yes	Yes
관측 시군구 수	1,124	795	329
R2	0.94505	0.95555	0.93503
Within R2	0.57978	0.54539	0.50127

주: *는 10%, **는 5%, ***는 1% 유의수준을 의미함.

<부표 6-13> 통제변수 도입 후 - 철도서비스 공급 평균처치효과(ATT) 분석 결과 - 유출 연결중심성(전국, 비수도권 및 수도권)

	전국	비수도권	수도권
종속변수	유출 연결중심성 지수 (Stength(out))	유출 연결중심성 지수 (Stength(out))	유출 연결중심성 지수 (Stength(out))
ATT	-0.0257 (0.0272)	-0.0139 (0.0160)	-0.1612* (0.0765)
통제변수			
사업체 수	0.4168* (0.1978)	0.5371* (0.2110)	0.2499 (0.2332)
총종사자 수	0.2852 (0.2635)	-0.0284 (0.1681)	0.3596 (0.3208)
직주 비율	-0.9556*** (0.2250)	-0.6492*** (0.1689)	-1.261** (0.4026)
승용차 평균시간	0.0397*** (0.0062)	0.0137*** (0.0038)	-0.0005 (0.0196)
버스 평균시간	-0.0119*** (0.0032)	-0.0093*** (0.0021)	-0.0053 (0.0141)
승용차 분담률	-1.964*** (0.3101)	-0.6758*** (0.1601)	-3.150*** (0.7472)
버스 분담률	-0.2945 (0.2994)	-0.5472* (0.2427)	-0.4523 (1.149)
pop	0.2427 (0.2090)	0.1036 (0.1519)	0.3346 (0.2399)
성별여	1.420* (0.5472)	1.021*** (0.2723)	1.424 (1.721)
연령2030	3.128* (1.550)	0.3337 (1.113)	6.327* (2.871)
연령4050	3.478* (1.449)	0.3355 (1.033)	7.198* (2.813)
연령60	3.020* (1.425)	-0.0223 (1.079)	8.959** (2.600)
직업A	-0.0780 (0.3500)	0.3067 (0.2260)	-1.403 (1.471)
직업B	-0.0553 (0.3537)	0.1520 (0.2003)	-0.7117 (1.695)
직업C	0.1904 (0.2899)	0.2158 (0.1791)	-1.329 (1.542)
고정효과			
시군구	Yes	Yes	Yes
연도	Yes	Yes	Yes
관측 시군구 수	1,124	795	329
R2	0.94505	0.95555	0.93503
Within R2	0.57978	0.54539	0.50127

주: 1) *는 10%, **는 5%, ***는 1% 유의수준을 의미함.
2) ATT(Average Treatment effect on Treatment): 평균처치효과.

[부도 6-4] 통제변수 도입 후 - 시차에 따른 철도서비스 공급 효과
- 유출 연결중심성(전국, 비수도권 및 수도권)

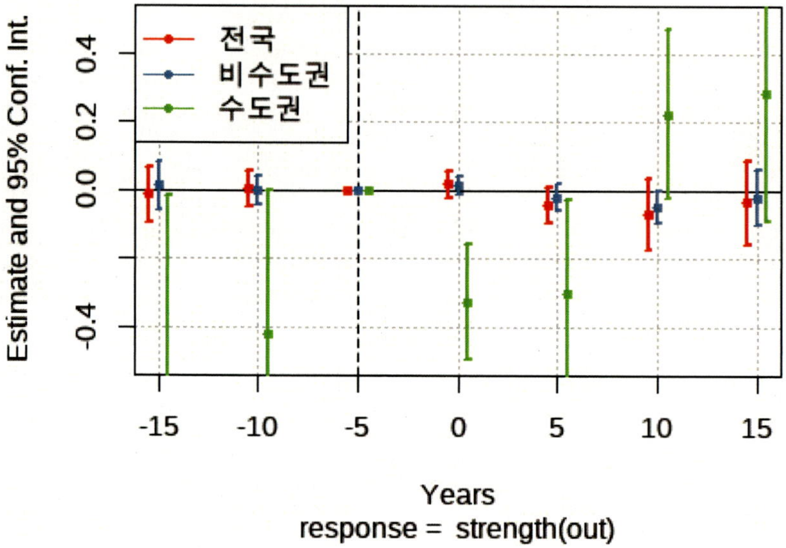

다. 수도권 + 광역시 / 비수도권(광역시 제외)

1) 유입 연결중심성(y = strength_in)

가) 통제변수 도입 전 분석 결과

<부표 6-14> 통제변수 도입 전 - 철도서비스 공급 효과에 대한 **DID** 분석 결과 – 유입 연결중심성(전국, 비수도권 및 수도권+광역시)

	전국	비수도권 (지방광역시 제외)	수도권 (지방광역시 포함)
종속변수	유입 연결중심성 지수 (Stength(in))	유입 연결중심성 지수 (Stength(in))	유입 연결중심성 지수 (Stength(in))
시차변수			
year = -20	0.2976*** (0.0817)	0.0519** (0.0185)	0.2825** (0.0911)
year = -15	0.1705*** (0.0382)	0.0324* (0.0151)	0.1222*** (0.0321)
year = -10	0.0738** (0.0261)	0.0134. (0.0080)	-0.0062 (0.0360)
year = 0	-0.0195. (0.0113)	0.0113* (0.0045)	-0.1347*** (0.0300)
year = 5	-0.1094* (0.0507)	0.0099 (0.0136)	-0.1946* (0.0845)
year = 10	-0.1551* (0.0719)	0.0418 (0.0287)	-0.2957* (0.1400)
year = 15	-0.1404. (0.0759)	0.1562* (0.0613)	-0.4487** (0.1380)
고정효과			
시군구	Yes	Yes	Yes
연도	Yes	Yes	Yes
관측 시군구 수	1,124	595	529
R2	0.88255	0.87335	0.88574
Within R2	0.01643	0.05635	0.03572

주: *는 10%, **는 5%, ***는 1% 유의수준을 의미함.

<부표 6-15> 통제변수 도입 전 - 철도서비스 공급 평균처치효과(ATT) 분석 결과 - 유입 연결중심성(전국, 비수도권 및 수도권+광역시)

	전국	비수도권 (지방광역시 제외)	수도권 (지방광역시 포함)
종속변수	유입 연결중심성 지수 (Stength(in))	유입 연결중심성 지수 (Stength(in))	유입 연결중심성 지수 (Stength(in))
ATT	-0.0926* (0.0411)	0.0338. (0.0173)	-0.2324** (0.0788)
고정효과			
시군구	Yes	Yes	Yes
연도	Yes	Yes	Yes
관측 시군구수	1,124	595	529
R2	0.88255	0.87335	0.88574
Within R2	0.01643	0.05635	0.03572

주: 1) *는 10%, **는 5%, ***는 1% 유의수준을 의미함.
2) ATT(Average Treatment effect on Treatment): 평균처치효과.

[부도 6-5] 통제변수 도입 전 - 시차에 따른 철도서비스 공급 효과 - 유입 연결중심성(전국, 수도권+광역시, 비수도권)

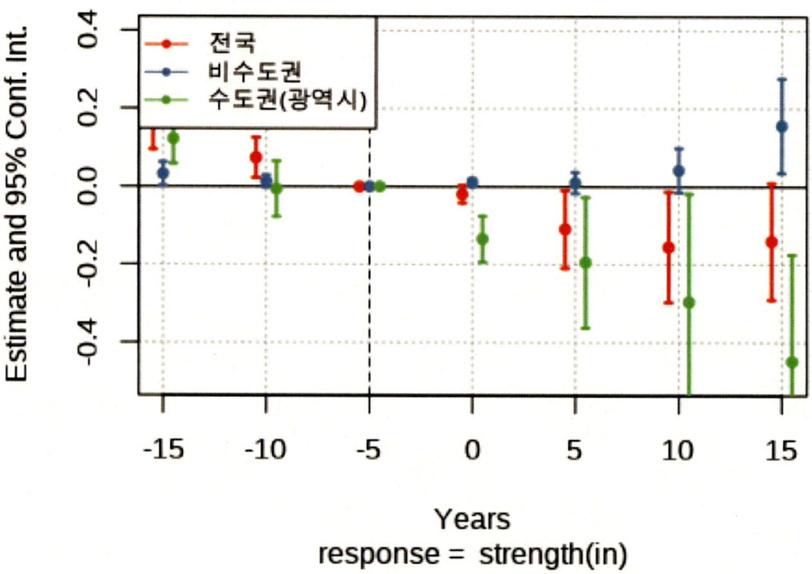

나) 통제변수 도입 후 분석 결과

<부표 6-16> 통제변수 도입 후 - 철도서비스 공급 효과에 대한 DID 분석 결과 - 유입 연결중심성(전국, 비수도권 및 수도권+광역시)

	전국	비수도권 (지방광역시 제외)	수도권 (지방광역시 포함)
종속변수	유입 연결중심성 지수 (Stength(in))	유입 연결중심성 지수 (Stength(in))	유입 연결중심성 지수 (Stength(in))
시차변수			
year = -20	-0.0520 (0.0639)	-0.0029 (0.0109)	-0.2048 (0.1991)
year = -15	-0.0580. (0.0335)	-0.0066 (0.0111)	-0.1964** (0.0618)
year = -10	-0.0249 (0.0170)	-0.0056 (0.0072)	-0.1354* (0.0590)
year = 0	0.0218 (0.0143)	0.0253** (0.0077)	-0.0097 (0.0325)
year = 5	0.0274 (0.0220)	0.0309** (0.0117)	-0.0333 (0.0463)
year = 10	-0.0092 (0.0384)	0.0468** (0.0179)	-0.1346 (0.0844)
year = 15	0.0039 (0.0532)	0.1114** (0.0397)	-0.0980 (0.0997)
통제변수			
사업체 수	0.2563 (0.5423)	0.0061 (0.1607)	0.4405 (0.6509)
총종사자 수	1.273*** (0.2023)	0.5167*** (0.1530)	1.203*** (0.2631)
직주 비율	-0.0604 (0.2561)	0.1148 (0.2105)	-0.4710 (0.3197)
승용차 평균시간	0.0372*** (0.0056)	0.0041. (0.0021)	0.0146 (0.0098)
버스 평균시간	-0.0045. (0.0024)	-0.0041*** (0.0010)	0.0121 (0.0086)
승용차 분담률	-0.5993** (0.2199)	0.1333 (0.0933)	-0.5919 (0.3896)
버스 분담률	-0.3332 (0.2525)	-0.0304 (0.1753)	-0.0051 (0.4322)
pop	-0.4658 (0.2961)	-0.0733 (0.1036)	-0.5773. (0.3327)
성별여	0.8667. (0.4553)	-0.0936 (0.2039)	-0.6566 (1.058)
연령2030	1.547. (0.9256)	1.493* (0.7247)	0.0180 (1.648)
연령4050	1.461. (0.8225)	1.733* (0.6971)	-0.6848 (1.805)
연령60	1.029 (0.8894)	1.575* (0.6615)	-1.406 (1.547)
직업A	-0.3341 (0.2746)	-0.0662 (0.1310)	1.305 (1.265)
직업B	-0.6001* (0.2609)	-0.1611 (0.1201)	1.160 (1.412)
직업C	0.0445 (0.2400)	0.0261 (0.0975)	1.300 (1.123)
고정효과:			
시군구	Yes	Yes	Yes
연도	Yes	Yes	Yes
관측 시군구 수	1,124	595	529
R2	0.95841	0.95072	0.95896
Within R2	0.65169	0.63284	0.65366

주: *는 10%, **는 5%, ***는 1% 유의수준을 의미함.

<부표 6-17> 통제변수 도입 후 - 철도서비스 공급 평균처치효과(ATT) 분석 결과 – 유입 연결중심성(전국, 비수도권 및 수도권+광역시)

	전국	비수도권 (지방광역시 제외)	수도권 (지방광역시 포함)
종속변수	유입 연결중심성 지수 (Stength(in))	유입 연결중심성 지수 (Stength(in))	유입 연결중심성 지수 (Stength(in))
ATT	0.0137 (0.0211)	0.0413*** (0.0107)	-0.0569 (0.0435)
통제변수			
사업체 수	0.2563 (0.5423)	0.0061 (0.1607)	0.4405 (0.6509)
총종사자 수	1.273*** (0.2023)	0.5167*** (0.1530)	1.203*** (0.2631)
직주 비율	-0.0604 (0.2561)	0.1148 (0.2105)	-0.4710 (0.3197)
승용차 평균시간	0.0372*** (0.0056)	0.0041. (0.0021)	0.0146 (0.0098)
버스 평균시간	-0.0045. (0.0024)	-0.0041*** (0.0010)	0.0121 (0.0086)
승용차 분담률	-0.5993** (0.2199)	0.1333 (0.0933)	-0.5919 (0.3896)
버스 분담률	-0.3332 (0.2525)	-0.0304 (0.1753)	-0.0051 (0.4322)
pop	-0.4658 (0.2961)	-0.0733 (0.1036)	-0.5773. (0.3327)
성별여	0.8667. (0.4553)	-0.0936 (0.2039)	-0.6566 (1.058)
연령2030	1.547. (0.9256)	1.493* (0.7247)	0.0180 (1.648)
연령4050	1.461. (0.8225)	1.733* (0.6971)	-0.6848 (1.805)
연령60	1.029 (0.8894)	1.575* (0.6615)	-1.406 (1.547)
직업A	-0.3341 (0.2746)	-0.0662 (0.1310)	1.305 (1.265)
직업B	-0.6001* (0.2609)	-0.1611 (0.1201)	1.160 (1.412)
직업C	0.0445 (0.2400)	0.0261 (0.0975)	1.300 (1.123)
고정효과			
시군구	Yes	Yes	Yes
연도	Yes	Yes	Yes
관측 시군구 수	1,124	595	529
R2	0.95841	0.95072	0.95896
Within R2	0.65169	0.63284	0.65366

주: 1) *는 10%, **는 5%, ***는 1% 유의수준을 의미함.
2) ATT(Average Treatment effect on Treatment): 평균처치효과.

[부도 6-6] 통제변수 도입 후 - 시차에 따른 철도서비스 공급 효과
- 유입 연결중심성(전국, 수도권+광역시, 비수도권)

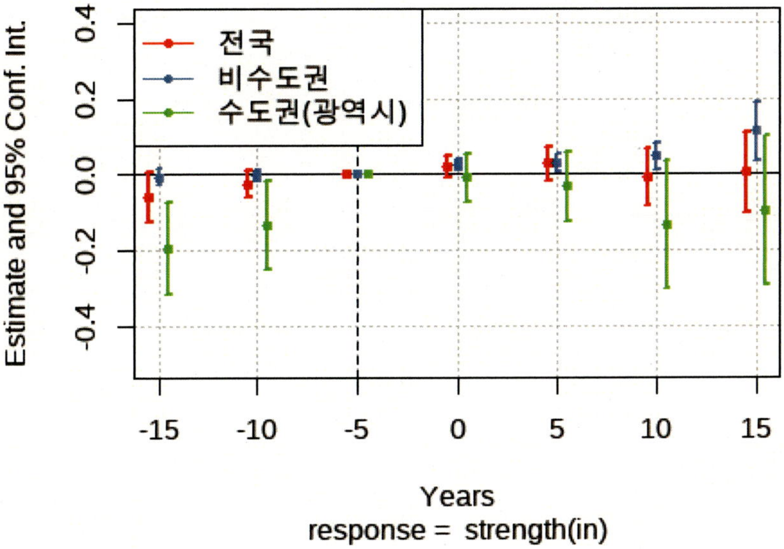

2) 유출 연결중심성(y = strength_out)

가) 통제변수 도입 전 분석 결과

<부표 6-18> 통제변수 도입 전 - 철도서비스 공급 효과에 대한 DID 분석 결과 - 유출 연결중심성(전국, 비수도권 및 수도권+광역시)

	전국	비수도권 (지방광역시 제외)	수도권 (지방광역시 포함)
종속변수	유출 연결중심성 지수 (Stength(out))	유출 연결중심성 지수 (Stength(out))	유출 연결중심성 지수 (Stength(out))
시차변수			
year = -20	0.3630** (0.1100)	0.0941*** (0.0254)	0.2243** (0.0782)
year = -15	0.1922*** (0.0574)	0.0607** (0.0197)	0.0933*** (0.0262)
year = -10	0.1198*** (0.0273)	0.0318*** (0.0090)	0.0628* (0.0311)
year = 0	-0.0182 (0.0147)	0.0150 (0.0138)	-0.1449*** (0.0328)
year = 5	-0.1718*** (0.0381)	-0.0138 (0.0203)	-0.2959*** (0.0602)
year = 10	-0.2365*** (0.0700)	-0.0188 (0.0293)	-0.3748** (0.1357)
year = 15	-0.1772 (0.1076)	0.0301 (0.0515)	-0.3692* (0.1825)
고정효과			
시군구	Yes	Yes	Yes
연도	Yes	Yes	Yes
관측 시군구 수	1,124	595	529
R2	0.87308	0.82743	0.86679
Within R2	0.02941	0.01526	0.04709

주: *는 10%, **는 5%, ***는 1% 유의수준을 의미함.

<부표 6-19> 통제변수 도입 전 - 철도서비스 공급 평균처치효과(ATT) 분석 결과
- 유출 연결중심성(전국, 비수도권 및 수도권+광역시)

	전국	비수도권 (지방광역시 제외)	수도권 (지방광역시 포함)
종속변수	유출 연결중심성 지수 (Stength(out))	유출 연결중심성 지수 (Stength(out))	유출 연결중심성 지수 (Stength(out))
ATT	-0.1343*** (0.0388)	-9.34e-5 (0.0189)	-0.2733*** (0.0699)
고정효과			
시군구	Yes	Yes	Yes
연도	Yes	Yes	Yes
관측 시군구 수	1,124	595	529
R2	0.87308	0.82743	0.86679
Within R2	0.02941	0.01526	0.04709

주: 1) *는 10%, **는 5%, ***는 1% 유의수준을 의미함.
2) ATT(Average Treatment effect on Treatment): 평균처치효과.

[부도 6-7] 통제변수 도입 전 - 시차에 따른 철도서비스 공급 효과
- 유출 연결중심성(전국, 수도권+광역시, 비수도권(광역시 제외))

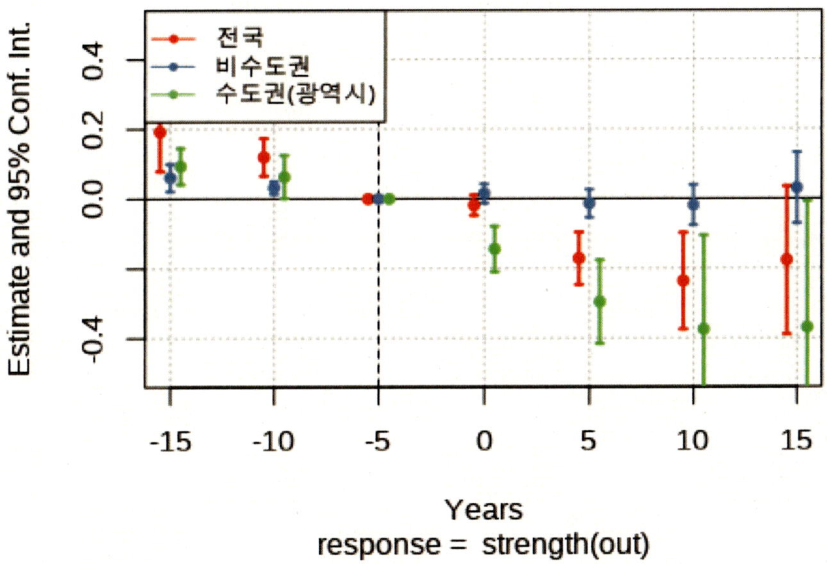

나) 통제변수 도입 후 분석 결과

<부표 6-20> 통제변수 도입 후 - 철도서비스 공급 효과에 대한 DID 분석 결과 – 유출 연결중심성(전국, 비수도권 및 수도권+광역시)

	전국	비수도권 (지방광역시 제외)	수도권 (지방광역시 포함)
종속변수	유출 연결중심성 지수 (Stength(out))	유출 연결중심성 지수 (Stength(out))	유출 연결중심성 지수 (Stength(out))
시차변수			
year = -20	0.1053* (0.0517)	0.0452 (0.0290)	0.0539 (0.1494)
year = -15	-0.0135 (0.0407)	0.0266 (0.0165)	-0.2993* (0.1205)
year = -10	0.0052 (0.0262)	-0.0032 (0.0099)	-0.1063 (0.0805)
year = 0	0.0183 (0.0207)	0.0110 (0.0091)	-0.0609 (0.0462)
year = 5	-0.0407 (0.0265)	0.0080 (0.0155)	-0.1076 (0.0670)
year = 10	-0.0672 (0.0537)	-0.0023 (0.0213)	-0.1354 (0.1554)
year = 15	-0.0338 (0.0623)	-0.0184 (0.0422)	-0.0782 (0.1263)
통제변수			
사업체 수	0.4168* (0.1978)	0.9374*** (0.2439)	0.3433 (0.2169)
총종사자 수	0.2852 (0.2635)	0.0334 (0.2158)	0.3053 (0.2966)
직주 비율	-0.9556*** (0.2250)	-0.8473*** (0.2063)	-1.419*** (0.2703)
승용차 평균시간	0.0397*** (0.0062)	-0.0017 (0.0021)	0.0211 (0.0140)
버스 평균시간	-0.0119*** (0.0032)	-0.0026* (0.0011)	-0.0064 (0.0098)
승용차 분담률	-1.964*** (0.3101)	-0.2587. (0.1364)	-2.389*** (0.5803)
버스 분담률	-0.2945 (0.2994)	0.1275 (0.1975)	-0.3564 (0.6658)
pop	0.2427 (0.2090)	-0.2231 (0.2186)	0.3095 (0.2150)
성별여	1.420* (0.5472)	0.6100* (0.2762)	1.272 (1.003)
연령2030	3.128* (1.550)	-0.3539 (0.7849)	5.228** (1.630)
연령4050	3.478* (1.449)	0.0541 (0.7851)	5.692** (1.790)
연령60	3.020* (1.425)	-0.3738 (0.6882)	6.475*** (1.514)
직업A	-0.0780 (0.3500)	-0.4570. (0.2371)	-0.4010 (1.109)
직업B	-0.0553 (0.3537)	-0.4015. (0.2390)	-0.0650 (1.280)
직업C	0.1904 (0.2899)	-0.2831 (0.2037)	-0.4187 (1.167)
고정효과			
시군구	Yes	Yes	Yes
연도	Yes	Yes	Yes
관측 시군구 수	1,124	595	529
R2	0.94505	0.94713	0.93127
Within R2	0.57978	0.69833	0.50836

주: *는 10%, **는 5%, ***는 1% 유의수준을 의미함.

<부표 6-21> 통제변수 도입 후 - 철도서비스 공급 평균처치효과(ATT) 분석 결과 - 유출 연결중심성(전국, 비수도권 및 수도권+광역시)

	전국	비수도권 (지방광역시 제외)	수도권 (지방광역시 포함)
종속변수	유출 연결중심성 지수 (Stength(out))	유출 연결중심성 지수 (Stength(out))	유출 연결중심성 지수 (Stength(out))
ATT	-0.0257 (0.0272)	0.0037 (0.0133)	-0.0941 (0.0719)
통제변수			
사업체 수	0.4168* (0.1978)	0.9374*** (0.2439)	0.3433 (0.2169)
총종사자 수	0.2852 (0.2635)	0.0334 (0.2158)	0.3053 (0.2966)
직주 비율	-0.9556*** (0.2250)	-0.8473*** (0.2063)	-1.419*** (0.2703)
승용차 평균시간	0.0397*** (0.0062)	-0.0017 (0.0021)	0.0211 (0.0140)
버스 평균시간	-0.0119*** (0.0032)	-0.0026* (0.0011)	-0.0064 (0.0098)
승용차 분담률	-1.964*** (0.3101)	-0.2587. (0.1364)	-2.389*** (0.5803)
버스 분담률	-0.2945 (0.2994)	0.1275 (0.1975)	-0.3564 (0.6658)
pop	0.2427 (0.2090)	-0.2231 (0.2186)	0.3095 (0.2150)
성별여	1.420* (0.5472)	0.6100* (0.2762)	1.272 (1.003)
연령2030	3.128* (1.550)	-0.3539 (0.7849)	5.228** (1.630)
연령4050	3.478* (1.449)	0.0541 (0.7851)	5.692** (1.790)
연령60	3.020* (1.425)	-0.3738 (0.6882)	6.475*** (1.514)
직업A	-0.0780 (0.3500)	-0.4570. (0.2371)	-0.4010 (1.109)
직업B	-0.0553 (0.3537)	-0.4015. (0.2390)	-0.0650 (1.280)
직업C	0.1904 (0.2899)	-0.2831 (0.2037)	-0.4187 (1.167)
고정효과			
시군구	Yes	Yes	Yes
연도	Yes	Yes	Yes
관측 시군구 수	1,124	595	529
R2	0.94505	0.94713	0.93127
Within R2	0.57978	0.69833	0.50836

주: 1) *는 10%, **는 5%, ***는 1% 유의수준을 의미함.
2) ATT(Average Treatment effect on Treatment): 평균처치효과.

[부도 6-8] 통제변수 도입 후 - 시차에 따른 철도서비스 공급 효과
- 유출 연결중심성(전국, 수도권+광역시, 비수도권)

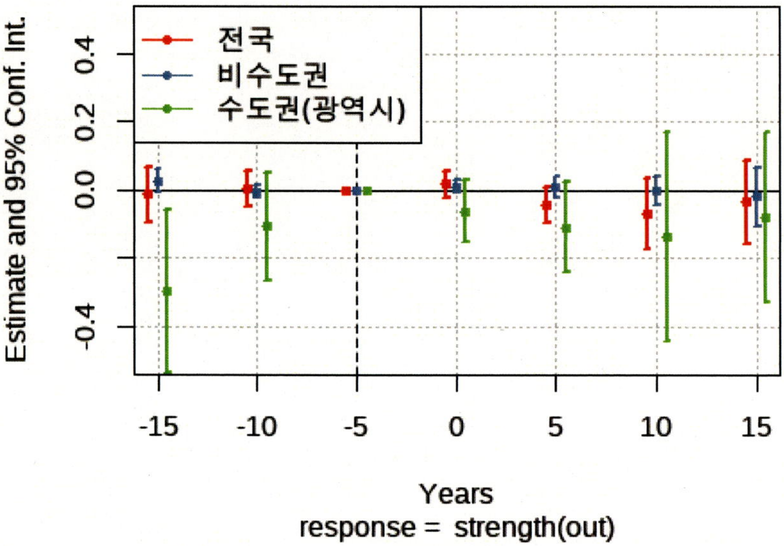

■ ABSTRACT

Transport Policy for Megacity Regions: Insights from Commuting and Travel Patterns

Kang Soo Kim

This study employs a network community detection approach to identify megacity regions in South Korea based on commuting and travel flows between municipalities—cities (*si*), counties (*gun*), and districts (*gu*)—and defined boundaries. The analysis finds 16 megacity regions in 2000, 19 in 2005, 16 in 2010, 17 in 2015, and 15 in 2020.

Comparing these findings with the designated metropolitan areas under *the Special Act on Metropolitan Area Transport Management*, the study proposes revisions to these designations. Specifically, the Busan-Ulsan area should be split into two regions, Busan-Gyeongnam and Ulsan-Pohang-Gyeongju. Additionally, Changnyeong-gun, currently part of the Daegu area, should be reassigned to the Busan-Gyeongnam area, and Gimcheon-si should be incorporated into the Daegu area. For the Gwangju area, expansion could be considered with additional municipalities of Yeongam, Muan, Mokpo, Gokseong, Haenam, Yeonggwang, Gangjin, Jangheung, Wando, and Jindo. The Daejeon area could also consider adding Buyeo, Yeongdong (Chungbuk-do), and Muju (Jeonbuk-do), while Cheongju and Boeun in the existing Daejeon area appear to form a different cluster. Furthermore, given population size and constituent municipalities, the Jeonbuk area—encompassing Jeonju, Wanju, Iksan, Gimje, Gunsan, Jeongeup, Seocheon, Namwon, Buan, Imsil, Gochang, Jinan, Sunchang, and Jangsu—should be recognized as an additional metropolitan area under the Special Act.

This study also identifies anchor and hub cities (nodal points) within each megacity region and proposes a framework for establishing a polycentric spatial structure, a key feature of megacity development. For instance, within the Seoul Metropolitan Area (A), Gangnam and Jung-gu in Seoul serve as major inflow nodes, while Seongnam and Suwon in Gyeonggi-do are major outflow nodes. To support megacity development, it is necessary to build a transport system that connects these nodes with surrounding municipalities.

Among large-scale transport infrastructure projects for megacity development, railway service expansion is identified as the most feasible option, with the greatest potential to reshape the centrality of cities, counties, and districts. Accordingly, this study assesses the impact and sustainability of railway services on the centrality. The findings indicate that, outside the Seoul Metropolitan Area (SMA) and excluding regional metropolitan cities, railway expansion consistently increases inflow degree centrality, reinforcing the crucial role of rail networks in fostering polycentric megacities.

Based on these findings, transport infrastructure recommendations for megacity development are proposed. First, the definition of metropolitan transport under the Special Act should be expanded from 'travel between cities and provinces within a metropolitan area' to travel between cities, counties, and districts that form integrated living and economic areas.' This expansion would provide a legal basis for transport infrastructure provision to support megacity development. Regarding funding mechanisms, the study proposes strengthening the user pays principle, including expanding both the entities responsible for formulating metropolitan transport improvement plans and the entities subject to transport facility charges. In particular, to secure funding for railway construction and capture land value gains around transit-oriented developments (TOD), the study suggests an integrated approach that effectively aligns railway TOD with railway construction projects.

Lastly, an integrated governance framework should be established to coordinate transport projects for megacity development. To that end, it emphasizes the importance of setting shared objectives and consolidating authority and responsibilities within a flexible governance structure.

KDI 신간안내

RECENT KDI PUBLICATION

인구고령화 시대의 조세구조에 대한 연구

김학수

정책연구시리즈 | 191쪽 | 정가 6,000원

인구고령화 시기에 안정적으로 재정을 조달하기 위해 우리 사회가 추구해야 할 조세구조의 기본 방향과 함께 증세에 대한 사회적 합의를 도출하는 데 필요한 정책적 노력을 살펴보고자 하였다. 분석 결과, 부가가치세와 개인소득세의 강화 방향이 지지되었으며, 이를 위해서는 지방교육재정교부금과 같은 불합리한 재정제도의 개혁과 장기재정전망 결과의 객관적 산출 및 투명한 공개를 통한 재정 문해력 제고 노력이 필요한 것으로 나타났다.

지역불평등 양상과 지역발전 전략에 관한 연구

김현석 · 한성민

연구보고서 | 154쪽 | 정가 6,000원

지역 간 격차와 지역 내 격차의 현황 및 주요 요인에 대해 파악하고, 지역발전 전략을 위한 정책적 시사점을 도출하고자 하였다. 실증분석을 통해 우리나라의 지역 간 격차 및 지역 내 소득불평등에 대한 이해를 높이고, 향후 지역의 발전을 추구하는 정책관계자들이 종합적 관점에서 염두에 두어야 할 시사점을 도출하고자 하였다.

통근거리의 초저출산에 대한 영향과 정책적 함의

김재훈

정책연구시리즈 | 119쪽 | 정가 5,000원

전 세계적 저출산이 도시인구집중과 깊은 관련이 있고, 이를 고려하면 선진국에서 도입했던 일-가정양립 정책은 출산율 상승효과가 없거나 오히려 그 반대의 효과를 가져올 가능성이 있음을 지적하였다. 더 나아가 임계점을 넘은 도시인구집중이 주거비용을 상승시켜 청년층을 통근시간이 긴 외곽으로 이주하도록 함으로써 그들의 혼인과 출산을 저해한다는 것을 한국의 자료를 이용하여 이론적 · 실증적으로 보였다.

디지털 시대의 자본흐름과 과제: 중앙은행 디지털 화폐를 중심으로

정대희

정책연구시리즈 | 71쪽 | 정가 4,000원

G20 내에서 CBDC에 대한 논의가 활성화되고 CBDC가 금융혁신, 통화정책 및 국제 자본이동에 미칠 수 있는 영향이 커짐에 따라, 이러한 국제 논의를 토대로 CBDC 발행이 통화정책 유효성, 금융산업 구조, 금융안정성 및 국제자본흐름에 미치는 영향을 종합적으로 검토하고 한국의 대응 전략을 제시하고자 하였다.

문화콘텐츠산업의 성장에 관한 실증적 고찰과 정책 방향

이진국

연구보고서 | 202쪽 | 정가 7,000원

국내 문화콘텐츠산업의 성장 추이와 구조적 특징을 실증적으로 분석하고 문화콘텐츠산업이 타 산업과 맺는 연관성과 국가 경제에 미치는 파급효과를 다각도로 살펴보았다. 특히 문화콘텐츠산업의 성장은 개별 기업의 발전을 통해 이루어지므로 기업 성장을 촉진하는 주요 요인을 규명하고, 문화체육관광부를 중심으로 한 정부의 기업 지원 정책을 체계적으로 진단하였다.

주택 양도소득세의 경제적 효과

문윤상

정책연구시리즈 | 69쪽 | 정가 4,000원

주택 양도소득세의 경제적 효과를 양도소득세가 중과된 2017년의 정책 변화를 이용하여 분석한 결과, 주택의 매매거래가 위축되는 동결효과를 확인하였다. 지난 주택시장 호황기의 양도소득세 변화로 인해 주택거래량은 감소하고 주택가격은 상승하였다. 이처럼 주택시장의 안정성이 저하된 원인으로 저자는 양도소득세에 대한 정책신뢰도를 지목하였다.

주택 보유과세의 귀착과 시사점

문윤상

정책연구시리즈 | 65쪽 | 정가 4,000원

주택 양도소득세의 경제적 효과를 양도소득세가 중과된 2017년의 정책 변화를 이용하여 분석한 결과, 주택의 매매거래가 위축되는 동결효과를 확인하였다. 지난 주택시장 호황기의 양도소득세 변화로 인해 주택거래량은 감소하고 주택가격은 상승하였다. 이처럼 주택시장의 안정성이 저하된 원인으로 저자는 양도소득세에 대한 정책신뢰도를 지목하였다.

정책연구시리즈 2024-04

통근통행 분석을 통한 대도시권 메가시티 교통정책에 관한 연구

인 쇄 2024년 12월 28일
발 행 2024년 12월 31일

저 자 김강수
발행인 조동철
발행처 한국개발연구원
등 록 1975년 5월 23일 제6-0004호
주 소 세종특별자치시 남세종로 263
전 화 (044) 550-4114
팩 스 (044) 550-4310

ISBN 979-11-5932-965-4

값 5,000원